Jenseits aller Pfade

Visionen einer neuen Spiritualität

Annette Kaiser
in Zusammenarbeit mit Anna Platsch

Jenseits aller Pfade

Visionen einer neuen Spiritualität

Theseus Verlag

Theseus im Internet: www.Theseus-Verlag.de
Wir senden Ihnen gern unseren Gesamtprospekt zu.

Bibliografische Informationen der Deutschen Nationalbibliothek
Die Deutsche Nationalbibliothek verzeichnet diese Publikation in der Deutschen
Nationalbibliografie; detaillierte bibliografische Daten sind im Internet über
http://dnb.d-nb.de abrufbar.

ISBN 978-3-89901-527-0

Originalausgabe

Lektorat: Ursula Richard

© 2004 Theseus in J. Kamphausen Verlag & Distribution GmbH, Bielefeld
www.weltinnenraum.de
2011

Die Verwertung der Texte und Bilder, auch auszugsweise, ist ohne
Zustimmung des Verlages urheberrechtswidrig und strafbar. Dies gilt auch
für Vervielfältigungen, Übersetzungen, Mikroverfilmungen und
für die Verarbeitung mit elektronischen Systemen.

Umschlaggestaltung: Morian & Bayer-Eynck, Coesfeld, www.mbedesign.de
unter Verwendung eines Fotos von © Janne Peters
Gestaltung und Satz: Grafikstudio Scheffler, Berlin
Druck: fgb – freiburger graphische betriebe

Printed in Germany

Dieses Buch wurde auf 100% Altpapier gedruckt und ist alterungsbeständig.
Weitere Informationen hierzu finden Sie unter www.weltinnenraum.de

Annette, viele Lehrer versprechen die Erleuchtung; alte Schulen versprechen die Möglichkeit, eine Heilige zu werden; du hast nur anzubieten, dass man ein normaler Mensch wird. Auf den ersten Blick ist das nicht unbedingt so erstrebenswert ...

Ich verstehe dein Lachen.

Es ist gut zu reisen im Gewahrsein.

Annette Kaiser und ich warteten – ohne zu warten – in einem Café am Flughafen München auf unseren Abflug nach Griechenland. Drei Spatzen saßen bei uns auf dem blanken Bistrotisch und teilten sich mit uns die Butterbrezen. Wir lachten mit ihnen und freuten uns am gelungenen Maß an Scheuheit und frechem Zugreifen.

Wir waren zusammen auf dem Weg zur Insel Kos. Von dort aus wollten wir mit dem Schiff noch weiter auf eine kleine, vom Tourismus weniger berührte Insel, nach Tilos.

Die Spatzen brachten ein bisschen Leben in diese kühle Stahlkonstruktion des Flughafeninnenhofs. Noch war es herbstlich warm und der Kaffee schmeckte eben, wie er schmeckte.

Wir hatten vor, in Ruhe auf dieser kleinen Insel zu arbeiten. Aber eigentlich hatte die Arbeit schon Wochen vorher begonnen und war immer da, wo wir gerade auch waren. Das erste Mal erzählte mir Annette jetzt, hier unter der Vibration der abfliegenden Maschinen, von dem, was man als Urerfahrung oder Erleuchtungserfahrung oder wie auch immer bezeichnet.

Es fand in Indien statt, ich sage – fand statt, weil in dieser Erfahrung niemand da war.

Es ist niemand da, der wirklich *erfährt*. Die Erfahrung war, dass dieser Körper-Geist-Organismus absolut leer war – da war nichts! Und *etwas* hat das einfach so wahrgenommen. Das geschah während einer Meditation. Häufig geschehen diese Dinge auch mitten auf der Straße – es muss überhaupt nicht während einer Meditation sein.

Ich bin aufgestanden nach dieser inneren Schau – wenn man das so sagen darf – und wollte allein sein. Es war in Indien am Meer, und ich lief dann den Strand entlang und kam in ein kleineres Dörfchen. Wirklich schwierig, es überhaupt in Worte zu fassen – aber ich *war* plötzlich der Hund und der Floh im Hund und der Mensch und die Pflanzen –, es war ein All-Eins-Sein in jedem Wesen, in jeder Form. Alles, was vorhanden war, war gleichzeitig ich.

Dies war eine ganz leise Erfahrung. Ich wusste irgendwie, dass alles, was Form hat, letztlich der Tanz aus dem Nichts ist und wieder ins Nichts hineinführt. In jeder Form der Schöpfung tanzt das Eine. Niemand geht nirgendwo hin.

In meinem Falle war diese Erfahrung etwas sehr Leises. Ich wusste mit großer Klarheit, was wirklich *ist*, und etwas in mir hat verstanden, dass damit alle Wege aufhören. Damit gibt es nichts mehr zu tun, nichts mehr zu erreichen.

Erst im Laufe der Zeit merke ich, wie diese ursprüngliche Erfahrung in jeder Zelle dieses Körper-Geist-Organismus' eine tief greifende Veränderung hervorbringt. Man spricht ja manchmal von so genannten Gipfelerfahrungen. Diese Gipfelerfahrung brauchte bei mir Zeit – das kann bei jedem Menschen anders sein –, das heißt, es braucht Zeit, damit diese innere Schau der Dinge ganz in den Alltag hineinschwingen kann und im alltäglichen Geschehen die Gipfelerfahrung mehr und mehr zu einer Plateau-Erfahrung wird, wie Jack Kornfield oder Ken Wilber das nennen, also in jedem Augenblick *ist*, im Sinne von: es ist, was ist.

Das Verrückte ist, dass da eigentlich nicht etwas ins Alltägliche hineinschwingt, sondern es ist gerade umgekehrt: Das, was immer da war und immer sein wird, ist nicht mehr mit Staub bedeckt. Nur die Fähigkeit des Menschen, es wahrzunehmen, hat sich gewandelt.

Auch wenn dieses Einschwingen manchmal Zeit braucht, ist doch nichts Neues geschehen und es ereignet sich auch nichts – außer, dass der Mensch wirklich sieht, was ist.

Wir sahen uns an. Wer sieht wen an? Ein Spatz auf der Stuhllehne legte den Kopf zur Seite und war ganz still. Wir auch. Die Stille hinter dem Lärm des Flughafens.

Erst im Flugzeug sprachen wir wieder. Es war klar, dass Annette in unserem ersten Gespräch auf Tilos erzählen müsste, welche Konsequenzen eine solche Erfahrung für sie hatte.

Natürlich hat das Konsequenzen. Einerseits ist diese Persona, diese Annette Kaiser oder diese Anna Platsch oder dieser Mensch oder jener Mensch, in Essenz nichts, nichts, nichts. Und andererseits ist diese Form von der Leere durchdrungen, von diesem Göttlichen, diesem Einen, diesem Namenlosen. Es leuchtet alles aus dem tiefsten Urgrund dessen, was ist.

Auf der anderen Seite erwächst eine tiefe Ehrfurcht für die Welt, für die ganze Schöpfung – und zwar unterschiedslos. Jeder Vogelgesang, jeder Tautropfen, jeder Windhauch, jedes Ärgernis, jedes Augenpaar eines jeglichen Wesens spricht SEINE Sprache, die namenlos ist.

Und zur gleichen Zeit platzt damit auch eine Blase. So viele Jahre war ich auf den spirituellen Bereich ausgerichtet gewesen und plötzlich war klar: In Essenz gibt es keine spirituellen Wege, obwohl es auf der relativen Ebene Wege gibt, die in das Weglose hineinführen.

Jack Kornfeld* zitiert in seinem Buch *Das Tor des Erwachens* die Worte des Buddha über die vier Wege: Als kurz und freudig wird der erste charakterisiert. Der zweite als lang und freudig. Der dritte als kurz und leidvoll und der vierte Weg als lang und leidvoll.

Und es gibt noch einen fünften Weg; ein Weg, der gar kein Weg ist, das ist das Hier und Jetzt. Diese Unmittelbarkeit findet statt. Und sie ist etwas ganz Natürliches, ganz Einfaches. Und der ganze Überbau zerfällt zu Staub. Es ist, wie wenn ein

---

* Jack Kornfield, *Das Tor des Erwachens*, München: Kösel Verlag, 2001

Architekt ein großes Gebäude errichten möchte, und seine ganze Lebensenergie fließt in dieses Werk. Eines Tages ist es fertiggestellt. Und dann fällt dieses Gebäude in sich zusammen …

Meine Lebensenergie ist seit meinem vierzehnten Lebensjahr immer in diesen spirituellen Bereich hineingeströmt: Ich habe versucht, auszuloten, zu sehen, wahrzunehmen, ich habe viel gelesen – ich kenne viele Traditionslinien, eigentlich fast weltumspannend – und da kommt nun ein Punkt, wo all das in nichts zerfällt …

Es ist eine große Befreiung. Vom Standpunkt eines Ichs, das sich identifiziert, empfindet man diesen Zerfall als Verlust und Verunsicherung, weil man sich ja im spirituellen Bereich orientiert und auch dortige Konzepte als Orientierung zu Hilfe genommen hat. Für mich war es Freisein. Das Göttliche, das Namenlose, ist für mich etwas, das frei wie die Luft und jedem Menschen unmittelbar zugänglich ist – zu jeder Zeit.

Ich glaube, in jedem wahrhaftigen Pfad ist enthalten, dass wir ihn eines Tages verlassen. Jedenfalls ist es das auf dem Pfad, den Frau Tweedie* uns gelehrt hat.

Der Pfad steht ja im Dienst dieser Urerfahrung. Der Pfad steht im Dienst dessen, dass der Mensch erkennen kann, was er in Essenz ist. Er ermöglicht es dem Menschen, in die Freiheit zu gehen. Das ist der Sinn jedes spirituellen Pfades.

Ich sehe allerdings heute in vielen Bereichen, in vielen Wegen, dass die Menschen teilweise stecken bleiben. Wenn wir 20 Jahre lang Meditation geübt haben, kann es sehr wohl dazu kommen, dass das die neue Orientierung, eine neue

---

* Irina Tweedie kam im Alter von 54 Jahren nach Indien und traf dort ihren spirituellen Lehrer, einen Sufimeister. Die Erfahrungen dieser Schulung beschreibt sie in ihrem Buch *Der Weg durchs Feuer*.

Gewohnheit, eine neue Neigung wird, in der sich das kleine Ich wieder zu Hause fühlt. In einer Methode, in einer Vorgehensweise, in Konzepten, in Gemeinschaften. Und das ist nicht das Ziel eines spirituellen Weges. Das Ziel ist, dass der Mensch wirklich frei wird. Da erst strömt die Liebe frei, vollzieht sich in jedem Atemzug, in jedem Atom der Liebesakt: Urgrund und Schöpfung sind innigste Umarmung.

Wir sind frei. Das, was jetzt als neues Bewusstsein bezeichnet wird, ist nicht wirklich neu. Es war schon immer da, wir waren schon immer frei.

> Wir sind nicht menschliche Wesen,
> die eine göttliche Erfahrung machen.
> Wir sind göttliche Wesen,
> die eine menschliche Erfahrung machen.
>
> *Teilhard de Chardin*

Nur: In diesem Bereich, in dem wir uns als göttliche Wesen »erfahren«, da fehlt uns noch die Sprache, da fehlt eine Kultur.

Das ist wirklich Neuland, das langsam von verschiedenen Seiten her angegangen wird. Es fehlt uns das Selbstverständnis im Umgang miteinander. Es gibt nicht mehr nur vereinzelte Mystiker oder Mystikerinnen wie in der Vergangenheit. Die meisten von ihnen haben nicht zur gleichen Zeit gelebt – Theresa von Avilas und Johannes vom Kreuz' Lebensdaten haben sich überschnitten, aber Meister Eckhart, Hildegard von Bingen, Al Halaj – jeder und jede zu seiner Zeit und an ihrem Ort.

Das Neue ist heute, dass viele Menschen diese Erfahrungen in der gleichen Zeitepoche, in einem gleichen kulturellen Umfeld machen.

Das heißt, dass wir auf der menschlichen Ebene aus einer erweiterten Dimension heraus leben. Daraus entwickelt sich eine neue Kultur des Umgangs miteinander und der Kommunikation. Es bedarf eines grundlegenden «Umdenkens», wenn du und ich nicht-zwei sind. Wenn Israel und Palästina nicht-zwei sind, wenn Christen und Muslime nicht zwei-sind, wenn das Himmlische und das Irdische nicht-zwei sind, dann hat das unglaubliche Konsequenzen.

Wir können uns nicht mehr konkurrierend verhalten oder gegeneinander in den Krieg ziehen, das macht überhaupt keinen Sinn. Wir können nicht mehr die Welt ausbeuten, weil das keinen Sinn macht, wenn Form und Leere nicht-zwei sind. Wenn ich einen anderen Menschen ausbeute, beute ich mich aus. Das ist kein Konzept, sondern das ist tatsächliche Erfahrung, das hat mit Moral nichts zu tun. Auch auf die Begegnung von Menschen und Tieren bezogen bedeutet das eine innere Revolution.

Auf der Ebene der Beziehungen, der »persönliche Beziehungen« in der alten Terminologie, hat die Erfahrung unseres »göttlichen Einsseins« natürlich auch Konsequenzen.

Wir experimentieren hier.

Gut so.

Es ist im Moment wie ein Vortasten in neue Umgangsformen. In der alten Art und Weise lebt man sehr stark aus dem Solarplexus-Bereich heraus. Das hat mit dem Sich-Durchsetzen-Wollen, mit Macht zu tun. Natürlich geht es auch darum, sich selbst wahrzunehmen und sich auszudrücken, aber eben als einzelnes Wesen gegenüber anderen. Es beinhaltet auch das Thema Konkurrenz – wer hat im Streit zum Beispiel die stärkere Kraft, den anderen zu überzeugen, und so weiter, um es in etwas groben Bildern auszudrücken.

Eine weitere Dimension der «neuen Kultur« ist die Herzensebene. Ein wesentliches Charakteristikum auf dieser Ebene ist, dass der Mensch, der in seinem So-Sein ruht, keinen Mangel hat. Er ist aus sich selbst heraus erfüllt. Er selbst ist sich Erfüllung, ohne genau zu wissen, was das ist.

Das Gefühl des Mangels hat etwas damit zu tun, dass man nicht weiß, wer man ist.

Und so befindet sich ein Mensch auf der »alten« Ebene in einem ständigen Mangel und ist fortwährend damit beschäftigt, diesen scheinbaren Mangel abzudecken.

Wenn wir im So-Sein sind, dann müssen wir zunächst einfach mal nichts. In der Begegnung darf jede und jeder einfach *sein,* und damit entsteht plötzlich ein ganz anderer Raum.

Die »alte« Art des Bewusstseins ist gegenständlich, du bist getrennt von mir, ich beziehe mich auf dich als etwas Gegenständliches. Hier ich und dort die Welt – Subjekt/Objekt.

Wenn ich erfüllt bin, im Sein bin, und du auch – dann ist in uns und um uns offener Raum, der frei schwingen kann. Kein Mangel, keine Angst, keine Erwartung. Das universelle Bewusstsein beginnt scheinbar zu wirken – scheinbar in dem Sinne, dass es von uns jetzt *wahrgenommen* wird. Es war immer hier und ist immer da und wird immer sein. Es ist nichts Neues, aber weil der Mensch heute mehr und mehr die Fähigkeit entwickelt, es wahrzunehmen, gibt es zunächst einmal diesen scheinbar erweiterten Raum.

Das können wir, die wir jetzt hier sitzen, einfach spüren. Da ist zunächst nur Stille. Frieden. Man kann warten, kann lauschen. Aus diesem Raum heraus geschieht eine Begegnung von ganz anderer Qualität. Sie hat etwas Leichtes, sie lässt den anderen in seinem Sein. So kann das Einzigartige des jeweiligen Wesens mehr zum Leuchten kommen, weil da keine Verunsicherung, keine Bedrohung sind.

In einer Konfliktsituation zwischen zwei Menschen geht es also nicht mehr so sehr darum, den Konflikt zu lösen, sondern das Entscheidende ist, in der Situation in diesem universellen Raum zu bleiben, weil sich in dieser anderen Ebene die Lösungsansätze für diesen Konflikt zeigen werden. Wenn es einen Konflikt gibt und zum Beispiel eine der Beteiligten einfach in diesem universellen Raum bleibt und dann nichts tut – was geschieht dann? Meistens passiert ja in einer Konfliktsituation, dass einer irgendetwas sagt, den anderen verletzt, angreift und so weiter. Und dann hält normalerweise der andere diesen universellen Raum nicht, sondern Zack! wird genau auf diesen Knopf gedrückt, bei dem das Gegenüber hochgeht, und dann gibt's diesen Schlagabtausch. Wir haben das in persönlichen Beziehungen, wir haben das in Gruppen, wir haben das zwischen Ländern oder verschiedenen Religionen. Es ist eigentlich immer das gleiche Muster und beruht auf gegenständlichem Bewusstsein. Auf dem Bewusstsein von Getrennte-Wesen-Sein.

Jetzt geht es darum, in dieses weitere Bewusstsein, in die Herzenergie einzuschwingen und daraus dann entstehen zu lassen, was entstehen möchte. In diesem Bewusstsein wird der andere als Individuum respektiert und gleichzeitig als das Eine wahrgenommen.

In der heutigen Zeit schwingen relativ gesehen eine Menge Menschen in diese Ebene hinein. Das wird seine Wirkung haben. Weil wir vernetzt sind. Die Welt ist ein Organismus aus *einem* Bewusstsein. Betrachtet man den Vorgang als eine kritische Masse, bei der dieses Wahrnehmen des universellen Bewusstseins überhand nimmt, dann wird das langsam mehr und mehr weltweit die Geschehnisse prägen. Noch ist das nicht so weit.

Ich denke, es gibt zum Beispiel auch in Israel und Palästina immer mehr Menschen, die diese Erfahrung gemacht haben. Und das wird im Laufe der Zeit Wirkung zeigen.

Im Moment geht man dort noch nach altem Muster miteinander um – Schlagabtausch um Schlagabtausch.

Gleichzeitig aber gibt es Menschen, ich weiß nicht, ob auch auf den Regierungsebenen, die erahnen, dass wir heute neue Möglichkeiten der Konfliktbewältigung haben. Das wird mehr und mehr einsickern. Diese unglaublichen Verletzungen, diese Menschen und Erde entwürdigenden Mechanismen sind nicht mehr nötig. Und gleichzeitig sind auch sie Ausdruck der einen Vollkommenheit. Dass wir das überhaupt erkennen und dass eine Vielzahl von Menschen mehr und mehr in diese Dimension hineinschwingt, gibt die Möglichkeit, anders miteinander umzugehen. Das braucht aber noch Zeit.

Auch der »Konflikt« zwischen Geist und Materie ist noch nicht gelöst. Die Erfahrung des Einsseins bedeutet, dass Geist und Materie nicht-zwei sind, dass Himmel und Erde nicht-zwei sind.

Wenn nun beides, Himmel und Erde, Geist und Materie, nicht-zwei, in Essenz Nichts-und-Alles ist, dann bedeutet das eine fundamental neue Orientierung – innen wie außen –, die den ganzen All-Tag umfasst. Im Kleinen beginnt es mit diesem Körper. Dann, wie ich mit den Pflanzen, den Tieren, den Menschen, der ganzen Welt umgehe. Es gibt nichts Unheiliges. Es gibt nichts Heiliges. Alles ist heilig. Es ist schwierig, hierfür eine Sprache zu finden, weil ich für etwas, das in einen Satz zusammengehört, zwei Sätze machen muss. Sprache vermag immer nur eine Seite auf einmal zu erfassen. Und wenn Himmel und Erde nicht-zwei sind, zeigt sich eine gewisse Sprachlosigkeit, man kann dann nur in Paradoxen sprechen.

Jetzt ist es an der Zeit
zu wissen,
dass alles, was du tust,
heilig ist.

Jetzt ist es an der Zeit zu erkennen,
dass alle deine Vorstellungen von
richtig und falsch
nur Stützräder waren,
die beiseite gelegt werden müssen.

Jetzt ist es für dich Zeit
zu begreifen,
dass es unmöglich
etwas anderes geben kann
als Gnade.

Jetzt ist die richtige Jahreszeit,
um zu erkennen,
dass alles, was du tust,
heilig ist.

Hafis[*]

---

[*] Hafis, *Die Liebe erleuchtet den Himmel,* Düsseldorf: Benziger, 2002, S. 78, gekürzt

Wir waren früh aufgestanden, hatten die Terrasse am Meer für uns allein. Zu dieser Jahreszeit waren auch nicht mehr viele Gäste da. Als ich im Sommer schon einmal mit meinem Mann auf Tilos gewesen war, war es voller und windiger gewesen. Ich hatte oft schlecht geschlafen.

Jetzt war es windstill. Die freundliche ukrainische Bedienung mit den Heimwehschatten unter den Augen brachte unser Frühstück.

Wieso wir wohl wieder nach Griechenland gefahren waren? Ging von hier nicht in alten Zeiten diese Spaltung von Geist und Materie, von männlich und weiblich aus? Unser gesamter Kulturkreis ist von ihr durchdrungen. Oder beruht unsere Kultur darauf? Wohin hat uns diese Trennung geführt?

Während wir auf der Terrasse diskutierten, dabei Schafskäse und Honig genossen, sorgten die Wirtsleute dafür, dass unsere Zimmer aufgeräumt wurden, damit wir wieder nach drinnen gehen konnten. Sie waren sehr unterstützend, wollten, dass wir in Ruhe arbeiten konnten.

Im Zimmer rückten wir dann Nachtisch und Stühle zur Seite, breiteten zwei Wolldecken auf dem Boden aus, stapelten die notwendigen Bücher um uns herum, gossen für jede ein Glas Wasser ein, und ich stellte das Tonbandgerät an.

$\mathcal{E}$ine Folge dieser Trennung von »Himmel« und »Erde«, von Geist und Materie ist, dass die Menschen das Geistige stark überhöht und nur in dieser Überhöhung angestrebt haben. So wurde die innere Sehnsucht der Menschen nach der Vereinigung mit dem Göttlichen oder nach der Erkenntnis Gottes als Drang so stark, dass die Welt als beschwerlich, als Hindernis, als Verführung angesehen wurde.

Eine andere Folge wird im gegenteiligen Prozess deutlich: Man hat das geistige Prinzip als illusionär betrachtet und versucht, die Welt in den Griff zu bekommen. Wir kennen das zum Beispiel vom historischen Materialismus, bei dem nur noch die Materie im Vordergrund steht, oder auch von ökologischen Bewegungen, in denen man die Probleme auf einer rein materiellen oder organisatorischen Ebene zu lösen versucht.

Beide Tendenzen finden wir historisch gesehen in unterschiedlichen Varianten, und sie hatten stets ihren enormen Preis, weil immer eine Seite mehr als die andere galt.

Und jetzt geht es um ein Gleichgewicht. Es geht darum zu verstehen, was die Kräfte des Himmels und die Kräfte der Erde – wenn wir übergangsweise so sprechen – für das menschliche Dasein wirklich bedeuten.

Dieses Geist-Prinzip und dieses Erd-Prinzip sind notwendig, um zu erkennen, was Erde ist und was sie vielleicht auch nicht ist, was der Himmel ist und was er vielleicht nicht ist. So kann sich eine weitere Dimension eröffnen. Wenn wir immer tiefer gehen, tiefer gehen, tiefer gehen – sowohl beim Erd-Prinzip als auch beim Himmels-Prinzip –, werden wir erkennen, dass beide nicht-zwei sind. Letztlich, wenn wir tief genug gefragt haben, erscheinen sowohl der Himmel als auch die Erde in diesem Bereich, wo sie nichts und alles zugleich sind.

Das zeigt uns die Wissenschaft mit der Erforschung der Materie, das zeigt uns das Geist-Prinzip in der Erkenntnis der inneren Erfahrung. Jedes Ding verweist in letzter Konsequenz auf seinen Ursprung – das Nichts.

Vermutlich hat uns die hier angesprochene Trennung sehr viel ermöglicht, die ganze technische Entwicklung zum Beispiel. Aber heute ist es an der Zeit, weiterzugehen. Jetzt beginnt uns diese Spaltung, diese Trennung von ich und du, zu bedrohen. Unsere ganze Welt ist bedroht – auf der relativen Ebene. Absolut gesehen ist die Bedrohung eine vollkommene Regung des Ewigen, eine Welle des Ozeans.

Wenn wir den Kosmos anschauen – was ist dann eigentlich unsere Welt? Ein kleines Staubkorn am Himmel, und ob sie existiert oder nicht und ob das wichtig ist oder nicht, wie sollte ich das beurteilen? Unsere Galaxie ist eine unter Milliarden – vielleicht ist es ganz heilsam, diese Dimension im Auge zu behalten. Unsere Erde ist am Himmelsmeer ein so winziges Körnchen. Ein Staubpartikel, ein Sandkorn, ein Sternenkorn, das irgendwann einmal entstanden ist vor Milliarden von Jahren und wieder vergehen wird ...

Und auf der anderen Seite – wie wertvoll ist diese Erde, wie würde sie vor Kummer vergehen, wenn wir uns vernichteten ...

Eine Hummel hatte sich in unser Zimmer verirrt und rannte sich ständig den Kopf an der Wand oder der Balkontür an. Annette bat mich, das Tonbandgerät einen Moment abzuschalten. Sie stand auf, nahm eine Illustrierte und leitete damit das Tier behutsam nach draußen. Das dauerte eine Weile.

Wir sprachen dann über die unterschiedlichsten Vorstellungen von Freiheit.

*I*ch spreche von innerer Freiheit. Wir haben zum Teil sehr wilde Vorstellungen gehabt – oder haben sie immer noch –, was frei sein bedeutet. Manche Menschen verstehen unter Freisein, dass sie kein Geld verdienen müssen und damit zeitlich nicht gebunden sind. Da bedeutet frei sein dann ein Freisein von Arbeit. Oder man ist frei von der Familie, hat die familiären Verpflichtungen hinter sich gelassen, oder ist frei, sich so viele Partner zu nehmen, wie man will.

Ich meine nicht diese Art von Freisein. Frei sein heißt, dass es nichts zu erreichen gibt, nichts zu tun gibt. Es hat nichts mit einer äußeren Situation zu tun, es gibt nichts zum Festhalten.

In diesem Freisein lobpreist ES sich aus sich selbst heraus. Einfach in dem, wie sich das Leben in diesem Augenblick offenbart. Durch dich, durch mich, durch das Singen des Windes, durch das Rauschen des Meeres, durch das Essen einer Traube, wie auch immer. Das ist Freiheit, die einfach *ist*. Jeder Augenblick wird im Gewahrsein wie Nektar gekostet – jetzt.

Und insofern kann man sagen, auf der *relativen* Ebene existieren eine Annette Kaiser, ein Peter, eine Elisabeth oder wer auch immer. Auf der *absoluten* Ebene nicht. Und so tanzt ES durch ES SEINEN Tanz. Das ist alles. Substanzlose Substanz. Und das ist wirklich so befreiend, wenn ich nichts mehr persönlich nehmen muss.

Daraus ergibt sich ein grundsätzlich anderer Gesichtswinkel, der schon manchmal verrückt erscheinen kann! Wir haben zum Beispiel von Palästina und Israel gesprochen; ES sieht diese Bilder, nimmt wahr, was da geschieht, und hat großes

Mitgefühl und Anteilnahme, *und* gleichzeitig ist es einfach Tanz, SEIN Tanz. Wie Farben, Formen, Konflikte, Reibung, Düfte entstehen und – vergehen. In allerletzter Instanz geschieht nichts, absolut nichts.

Durch dieses »Sehen« entstehen Möglichkeiten, diese Schöpfung in einem neuen Geist zu gestalten. Wir probieren aus, experimentieren, der neuen Kultur einen Ausdruck zu geben. Ist der Mensch verankert in dem, was er ist, nämlich universelles Bewusstsein, entstehen die Dinge aus der Quelle heraus in ihrem natürlichen Fluss, der aus sich selbst nach Harmonie und Vollkommenheit strebt.

Wir haben dazu zum Beispiel die traditionellen spirituellen Wege, die meistens einen längeren Prozess beinhalten. In diesen Wegen wird der Mensch durch Meditation, durch Mantrasagen und Ähnliches geschult. Es geht um die Sammlung des Geistes und darum, leer zu werden. Das bedarf der Übung, und es müssen auch eigene Dinge – im Sinne der Schattenarbeit – angeschaut werden.

Alle Wege münden aber letztlich in den pfadlosen Pfad, in den weglosen Weg. So bleibt uns nach dieser ganzen Reise des Sich-Kennenlernens mit all ihren Schatten- und Lichtzeiten nur die Erkenntnis, dass auch das alles noch in den Bereich des Nichtwirklichen gehört. Dass wir auch das alles zurücklassen können. Wir lassen mit der Erkenntnis, dass wir in Essenz nichts sind, dass es nichts als das Nichts gibt, alles zurück, letztlich auch unseren Pfad.

Was uns dann noch bleibt ist *dieser* Moment. Es bleibt sonst nichts. Und dieser Moment ist das einzige Tor zur Ewigkeit.

Wenn ich mich an gestern erinnere, dann brauche ich das Jetzt der Erinnerung für gestern. Wenn ich mir Sorgen mache über die Zukunft, brauche ich das Jetzt, von dem aus ich die

Sorgen in die Zukunft projiziere. Der Mensch lebt immer nur in diesem Augenblick So ist das Jetzt der Schlüssel, denn das Leben vollzieht sich immer nur in diesem Moment. Und der ist absolut neu, immer kreativ. Das Schöpferprinzip arbeitet durch das Jetzt – was zugleich Ewigkeit meint. Wenn der Mensch einen Moment innehält, ganz akzeptiert, was jetzt gerade ist, dann schwingt er in der Ewigkeit.

Und somit muss der Mensch, wenn er in dieses universelle Bewusstsein einschwingen möchte, gar nicht weit rennen. Er hat immer die Möglichkeit – wenn ihm zwanzig Jahre meditieren zu viel sind –, jetzt, gerade jetzt, wach im Hier und Jetzt zu sein. Ganz natürlich.

Ganz so einfach ist das aber wohl nicht, oder?

Natürlich nicht, da fällt man schnell wieder in die Gedanken hinein und vergisst das Jetzt. Aber für mich ist das so genial, dass eigentlich der Schlüssel, das Nadelöhr, ganz unmittelbar vor jedem Menschen liegt, er muss nicht nach Honolulu oder nach Afrika fahren. Nein, gerade dort, wo er ist, in diesem Augenblick ist ES.

Das ist gemeint mit den Worten: »Das Göttliche ist uns näher als die eigene Halsschlagader.« Wir sind das, wonach wir suchen. Und das ist ewig neu, absolut schöpferisch. Unglaublich, in jedem Augenblick! Das berührt mich zutiefst, weil sich darin offenbart, dass das Göttliche und der Mensch nicht-zwei sind. Darum sind wir göttliche Wesen, die eine menschliche Erfahrung machen.

Guruji* hat gesagt, das Ziel jedes spirituellen Pfades sei es, in jedem Augenblick in SEINER Gegenwart zu sein. Manche

---

* Guruji wurde der Lehrer Irina Tweedies genannt. Eine andere Anrede war Bhai Sahib, älterer Bruder.

müssen, dürfen, können einen spirituellen Weg durchschreiten, manche tun das nicht – wir alle sind Eins in diesem Jetzt. Jeder Augenblick – All-Tag. Das ist wirklich ein Wunder. Viele Menschen denken, dass Wunder etwas ganz anderes seien, aber die wirklichen Wunder vollziehen sich in jedem Augenblick. Wunder über Wunder.

*A*m Nachmittag liehen wir uns ein Auto. Ich gestehe es – neben der äußeren Schönheit der Insel hatte mich noch anderes hierher gezogen. Es waren auf dieser Insel große Mengen Knochen von Zwergelefanten ausgegraben worden. Die Vorstellung, dass hier noch bis vor 3000 Jahren Elefanten lebten, gefiel mir.

Man musste bei der Gemeindeverwaltung nach dem Schlüssel fragen und bekam dann die »Museums«-Führung gleich mitgeliefert. Wir betrachteten eingehend die ausgestellten Knöchelchen.

Dann folgten wir den Spuren der Ritter. Die Johanniter waren hier gewesen, und während ihrer Zeit wurde ein neues Dorf gegründet, Mikro Chorio, das »kleine Dorf«. In den dreißiger Jahren des vorigen Jahrhunderts wurde es von seinen Bewohnern verlassen, verfiel und wurde jetzt Geisterstadt genannt. Die Kirche steht noch. Wir wanderten durch die Ruinen, auf ihnen, unter ihnen und konnten noch im Verfall genau die Bauweise der Häuser, die Anlage der Wege, Plätze und Gärten nachvollziehen. Es herrschte eine Atmosphäre besonderer Dichte.

Einige Häuser und ein paar Treppen und Wege waren in den letzten Jahren restauriert worden und in eine Bar mit großer, mehrstufiger Terrasse umfunktioniert worden. Als ich im Sommer auf Tilos gewesen war, kam ich einmal nachts hier her und staunte im Erleben der Musik, der Wärme, der von innen beleuchteten Ruinenhäuser, der weiten Terrasse mit dem Blick aufs Meer, wo in der Ferne die Kreuzfahrtschiffe still vorüber zogen …

Aber auch tagsüber hatte der Platz etwas. Er war friedlich, seltsam unberührt von der sonst leisen, inneren Unruhe der Insel.

Wir setzten uns ganz oben auf einen Mauerrest, freuten uns am weiten Blick und tauschten uns aus, worüber Annette am nächsten Morgen sprechen würde.

*A*ll das, was den Menschen zu sich selbst geführt hat und führt, braucht eine Würdigung. Der ganze Prozess hat bei mir mit vierzehn Jahren begonnen als Begegnung mit dem christlichen Glauben. Man könnte sagen, das ist wie ein erstes Element oder Holon. Ich würde gerne diesen Begriff »Holon« dafür verwenden, Holon, als Teil des Ganzen, vergleichbar auf dieser Ebene zum Beispiel mit einem Atom. Meine Suche ging anschließend weiter und nach vielem Hin und Her kam der innere Weg. Die katholische Kirche verkörperte mehr die äußere Lehre. Sie war für mich nicht das Fahrzeug zur Selbsterkenntnis und zur Gotteserkenntnis.

Das nächste Holon war der innere Weg, den ich durch Frau Tweedie erfahren durfte. Dieses Holon *umfängt* das andere. Vergleichbar mit dem Molekül, in dem das Atom enthalten ist. Mit der Erfahrung des Nichts-und-Alles ist ein weiteres Holon entstanden, eine weitere Einheit, die wiederum den inneren Weg in sich einschließt. Vergleichbar einem menschlichen Organ, das aus Molekülen und aus Atomen besteht. Das ist das holografische Prinzip.

Und somit ist alles enthalten, alles, was ich in der katholischen Kirche werden durfte, die Werkzeuge und die Erfahrungen des inneren Wegs, die Traumarbeit und nun auch, als nächstes Holon, das Präsentsein.

Es ist nicht einmal Präsentsein, es ist Menschsein. Das ist das Wort, das ich am liebsten verwende. Es ist nicht Mystikerin oder Mystiker. Es ist Menschsein, bewusstes Menschsein.

Nun muss man aber unterscheiden. Es gibt in diesem holografischen »Gebäude« eine gewisse Entwicklung, die darin besteht, dass sich mit jedem Schritt eine weitere Bewusstseinsebene auftut. Und wenn wir diese Wirklichkeit mit der Erfahrung des Nichts-und-Alles erleben, dann sind wir im bis heute weitest möglichen Bewusstsein eingeschwungen. Und *da* wird das Unterscheidungsvermögen wichtig – welches Bewusstsein auf welcher Ebene wirkt. Es ist nicht so, dass die katholische Kirche mit dem bewussten Menschsein gleichzusetzen wäre. Obwohl die kleinste Einheit »Atom« – wieder bildlich gesprochen – in allem enthalten ist. Das höhere Bewusstsein ist – nicht wertend, nur unterscheidend – höher einzustufen.

Unterscheidung findet statt, bedeutet aber nicht mehr Bewertung, weil der Ausdruck des ES in jeder Form, in jedem Schritt gesehen wird.

Das ist für mich *ein* Aspekt dieser neuen, nichtdualen Kultur. Weil sie Unterscheidungsvermögen hat, aber nicht beurteilen oder bewerten muss, sondern alles zu seiner Zeit, am richtigen Ort als vollkommenen Ausdruck des EINEN würdigen kann. Die Schritte können im Einzelnen getan werden, sind aber trotzdem eingeschwungen in etwas Größerem, das alle anderen Schritte enthält, aber in einer Abstufung.

Wir haben von unserem geschulten Denken her immer nur von A nach B, von B nach C und von C nach D gedacht. Mit diesem Modell ist es gar nicht möglich, holografisch zu denken, die Dinge an den richtigen Platz zu setzen und der Weite des Himmels und der Erde gerecht zu werden.

Wir brauchen heute Klarheit darüber, wo der Mensch wirklich in Freiheit ist. Wo dieser Schritt in den leeren Raum, in die Stille, in das Nichts, das alles meint, vollzogen wird. Weil das im Moment das weiteste Bewusstsein, das weiteste Holon ist. Ein naturwissenschaftlicher Begriff dafür ist »Nullfeld«.

Man spricht zum Beispiel vom Zenweg, vom Sufiweg, vom Kontemplationsweg – lauter verschiedene Wege. Es wird abgegrenzt und verglichen, was vielleicht auch seinen Sinn hat. Diese Wege aber führen letztlich alle – und das ist ja das Ziel dieser Wege – in das nächst höhere Holon, und da kann man dann nicht mehr vergleichen und abgrenzen. Es gibt die Verschiedenheit der Wege, dessen, *wie* wir herkommen, aber die Urerfahrung ist das All-Eine.

Ich beobachte, dass bis heute nur ganz wenigen dieser Übergang wirklich bewusst geworden ist, dass da nochmals eine Häutung geschieht, nochmals eine letzte Hülle auf dem spirituellen Weg zu fallen hat.

Auf einem christlichen Kontemplationsweg zum Beispiel verinnerliche ich Jesus oder auf dem Sufiweg, da habe ich den Geliebten als Gegenüber, und da ist eine Beziehung von mir und Jesus oder vom Geliebten und Liebenden. Es gibt aber diesen Moment, wo das alles verschwindet, und zwar komplett. Wo kein Bild mehr da ist, wo es – wie Frau Tweedie gesagt hat – keinen Platz mehr gibt, wohin sich die Füße stellen können. Das ist diese letzte Häutung, das nächst höhere Holon, das Aufgehen im weiteren Bewusstsein. Das ist eine neue Dimension. Dort beginnt eine andere Kultur, eine andere Sprache. Dort ist kein Definieren mehr über »ich bin ein Sufi«, »ich bin eine christliche Mystikerin«, »ich bin dies oder jenes«. Dort ist das ICH BIN[*] – und das kann jeder Mensch sagen. ICH BIN – reines Sein.

Das kann auch mit einer sehr großen Erschütterung verbunden sein und bringt die absolute Verantwortung. Es gibt nur noch einen Bezugspunkt und der ist innen, nirgendwo mehr im Außen. Das ist, wie du sagst, Menschsein, ein unglaubliches Erwachsensein.

---

[*] Der Ausdruck ICH BIN wurde von Ramana Maharshi oft verwendet, ist aber schon weit älter. In unserem Kulturraum zum Beispiel erscheint er im Alten Testament (Ich bin, der ich bin). Das ICH BIN drückt die Essenz des Menschseins aus.

Es hat zwei Achsen. Einerseits bedeutet es, wie du sagst, vollkommenes Erwachsensein – lebe, folge deinem Licht, das Einssein-Allessein, das die Einzigartigkeit des menschlichen Wesens meint. Und gleichzeitig gibt es in dieser größt möglichen Eigenverantwortung die größt mögliche Entlastung von irgendetwas Eigenem. Und da kommen die beiden Achsen auf eine paradoxe Weise zusammen. Das macht es leicht, alles Vorhergehende kann humorvoll als eine Art kosmischer Witz betrachtet werden. Und in aller Ernsthaftigkeit und Wahrhaftigkeit gibt es dieses Augenzwinkern, diesen Humor des Daseinstanzes.

Wir lassen wirklich alles hinter uns zurück. Auch das Neue. Dieses spirituelle Identifiziertsein mit einem Weg ist eine große Falle. Das kann eine große, große Falle sein, in der man sich ein neues Konzept, eine neue Lebensorientierung aneignet und darin verhaftet bleibt.

Für mich war es eine große Erschütterung, als plötzlich nichts mehr da war, wohin das Gebet sich richten könnte, und das, nachdem ich mein Leben lang gebetet hatte. Sämtliche Bilder, die mich mein Leben lang begleitet hatten, von einem göttlichen Du, von etwas, das mir hilft, waren verschwunden. Es war nichts mehr da.

In der Tendenz richten wir Gebete ja immer »nach oben«. Und seelisch schwingt man dann gleichsam in diese Richtung. Das Göttliche wird nicht als unten empfunden, sondern als oben, und der innere Blick hebt sich. Wenn diese Dimension der Richtung wegfällt, hast du das Göttliche plötzlich in *allen* Richtungen. Etwas ist auf den Punkt gekommen. Ein Punkt hat keine Dimension und enthält gleichzeitig alle Dimensionen. Das heißt, alles ist gleichzeitig nirgendwo – und überall. Es gibt tatsächlich keinen Mittelpunkt mehr. Wenn das Ich wegfällt, dann ist da kein Mittelpunkt mehr. Das ist eine zentrale Erfahrung.

Und was das Gebet angeht, ist es ja so, dass wir oft ein inniges Bedürfnis haben, zu beten, und so tun wir es im Wissen um das Nirgendwo-und-Überall. Es steht uns zur Verfügung, aber in einem neuen Bewusstsein. In diesem Bereich können wir durchaus ein wenig spielerisch sein im Sinne von: Alles ist möglich, alles ist erlaubt, *und* wir sind dessen auch gewahr. Und so wird uns nicht wirklich etwas genommen, es wird uns nur die Anhaftung daran genommen. So dürfen wir damit spielen, wie wir auf dieser Erde SEINEN Tanz tanzen dürfen.

Wenn man dem noch einmal nachschmeckt, dem «diese Richtung nach oben wurde mir entzogen», dann offenbart sich: stattdessen ist etwas rundherum, innen und außen, nirgends und überall, nicht mehr fixierbar. Ich empfinde das als eine große Bereicherung. Es eröffnet sich nochmals eine weitere Dimension der Transzendenz und Immanenz, wenn dieser Bezug in *eine* Richtung genommen wird. Das ist Erwachsenwerden, da begegnen wir uns von Mensch zu Mensch.

Stell dir vor, viele Menschen auf dieser Welt begegnen sich auf diese Weise. Das wird die Welt verändern. Einfach über das jeweilige Sein des Menschen. Darum hat Frau Tweedie gesagt: Ein Yogi verändert die Welt über sein Sein. Dieses bewusste So-Sein wird die Begegnung und das Zusammenspiel der Dinge verändern. Dass viele, viele Menschen ihre Herzen, ihren Geist öffnen, ist die wichtigste Arbeit heute. *Wie* ist eigentlich sekundär, nur *dass* ist zentral.

Wie weiß man denn, wenn man lange einen Weg gegangen ist, wann man an diesem Punkt des Übergangs ist?

Wenn man an diesem Punkt ist, weiß man es. Das ist so. Vielleicht ist das aber auch schon wieder ein Konzept. Vielleicht ist es nicht *ein* Punkt oder *ein* Tor oder *eine* Schwelle. Ich weiß innerlich nur, dass das Göttliche so frei wie die Luft ist. Das Göttliche und der Mensch sind auf irgendeine Weise – ich kann das nicht erklären, es wird auch immer ein Mysterium bleiben – nicht-zwei. Ich weiß, dass bewusstes Menschsein ganz einfach ist, ganz natürlich, ganz normal.

Auf einem spirituellen Weg gibt es meist eine Zeit lang dieses Höherbewerten des Spirituellen gegenüber dem Alltäglichen. Das ist vielleicht notwendig, um in diese höhere Frequenz einzuschwingen. Aber später wird das wieder abgebaut, sonst bleibt eine Spaltung, ein Steckenbleiben. Sonst ist man wieder etwas Besonderes. Und genau das sind wir nicht!

Heutzutage ist ein Mystiker, der diese Urerfahrung hat, ein ganz normaler Mensch. Die Bilder, die wir von Mystikerinnen haben, sind im Allgemeinen sehr überhöhte Bilder. Wären wir diesen Menschen zu ihren Lebzeiten im Alltag begegnet, wären sie uns sicher nicht als so etwas Besonderes erschienen. Sie waren gewiss außergewöhnliche Menschen, das kann gar nicht anders sein, weil sie Archetypen »gelegt« haben. Aber in der heutigen Zeit ist es wichtig, dass wir ganz normale Menschen sind – göttliche Wesen, die eine menschliche Erfahrung machen. Das braucht eine Umorientierung. Wir müssen bildlos werden, in unser So-Sein hineinfallen und unsere Einzigartigkeit leben – in einem Selbstverständnis des ganz Normalen, ganz Einfachen.

> Der Christ von morgen wird ein Mystiker sein, einer der etwas erfahren hat, oder er wird nicht mehr sein.
>
> *Karl Rahner*

Wenn wir an diesem Übergang vom Weg zum Weglosen stehen, kann uns auch ein Gefühl der Loyalität binden. Loyalität zu all dem, was wir bekommen haben, zu den Lehrerinnen und Lehrern, die uns genommen und gegeben haben, zu unseren Vorfahren auf dem Pfad ...

Weißt du, Frau Tweedie, Bhai Sahib, die großen Lehrer, die großen Lehrerinnen, sind mehr als glücklich, wenn ein Mensch ganz in Freiheit lebt. Sie haben gar kein Interesse, dass der Mensch irgendwo stecken bleibt. Wie sollten sie. Je weiter das Bewusstsein, desto mehr freuen sie sich. Die Loyalität ist eher das Problem des Schülers, nicht des Lehrers. Weil es für die Lehrerin gar kein »Lehrer-Schüler« gibt. Für sie ist nur, dass sich das Bewusstsein seiner selbst bewusst wird. Das ist das Fest. Das ist die Feier des Lebens.

Aber ich verstehe, was du meinst. Und ich verstehe auch, dass man diesen Respekt immer im Herzen bewahrt Und gleichzeitig gehen wir im Bewusstsein unserer Lehrer auf, die in Essenz nichts sind, und damit ist alles aufgehoben. Und ich kann nur sagen, die größte Freude ist, wenn jemand in diesem Bewusstsein, in dieser Freiheit, in dieser Liebe ohne Bedingungen aufgeht. Es ist eine freie Liebe, die einfach *ist*, aus ihrem So-Sein heraus. Das ist die größte Freude, weil es die höchste Schwingungsfrequenz hat. Und das bedeutet eine Hebung des gesamten Bewusstseins auf der Erde.

Du meinst sicher auch diese tiefe innere Dankbarkeit darüber, dass man so geführt wurde. Wie viel Lebensenergie unserer Lehrerinnen und Lehrer floss doch in uns hinein! Und wie viele Illusionen – so Gott will – wurden uns genommen! Damit jeder von uns in seinem Licht eigenständig, eigenverantwortlich im All-Eins-Sein lebt. Einem großen Lehrer, einer großen Lehrerin wird das die größte Freude machen.

Wir sind geboren und haben ein Recht darauf zu erkennen.

Zu erkennen bedeutet nicht Leid, sondern frei sein im So-Sein. Das So-Sein umfasst das Alltägliche, die Verschiedenheit in der Einheit, gekrönt in der Einzigartigkeit des Menschen.

Guruji hat klar darauf hingewiesen: Es gibt nichts als das Nichts. Das ist der zentrale Satz. Ja, wir sind Sufis, Hindus, Christen, Buddhisten, wir sind Männer und Frauen. Natürlich, das schwingt immer mit. Aber wenn wir wirklich auf den Punkt kommen, sind wir Nichts-und-Alles, das heißt, wir sind alles gleichzeitig, Sufis, Christen, Muslime, Hindus, Buddhisten – oder gar nichts. Der Ozean ist du und ich, Frau Tweedie, alle Mystikerinnen und Mystiker, alle Menschen, auch Stalin, Hitler und Pol Pot.

Es gibt Dinge, die wir nie wirklich zu erfassen vermögen. So viel wir auf der einen Seite auch – anscheinend – ergründen können, das Leben ist immer auch ein Geheimnis.

Wir sind multidimensionale Wesen. Wir dürfen uns nicht durch innere Konzepte, Vorstellungen, Ideale, Loyalitäten behindern, wenn sich das Bewusstsein weiter ausdehnen will. Natürlich muss man sehr genau hinschauen, ob Anhaftung im Spiel ist oder einfach ein Respekt, der frei lässt. Es sind verschiedene Aspekte, oszillierend manchmal. Und was ist, das ist, und das ist ganz in Ordnung. Das Würdigen, Respekthaben – diese neue Kultur kann das lassen, was ist. Und letztlich ist da niemand, der erfährt, sondern nur ES, das erfährt, und somit ist Erfahren. Es ist Sehen, Hören. Es ist dies oder jenes, es ist einfach Tanz. Wir müssen uns nicht abschotten oder ausgrenzen – ES ist enthalten in diesem großen Einen. Weil es ja nur dieses Eine gibt.

Und auf der anderen Seite braucht es immer beide Achsen, das männliche, aktive Prinzip, das die Ausrichtung hält, und das weibliche Prinzip, das in diesem So-Sein offen und weit ist und das zulassen kann. Die optimale Balance dieser beiden

Prinzipien ist nötig. Das spiegelt sich auch in der Urerfahrung von Nichts-Alles wider. Sprachlich ist das gar nicht in *einem* Punkt erfassbar, aber der Punkt *ist*.

Und so geht es auch darum, diese verschiedenen Bewusstseinsanteile spielen zu lassen. Das Gewahrsein ist nicht passiv, sondern es ist eine große dynamische Kraft, die einfach ist. Und der Moment des IST ist immer einmalig im jetzigen Moment. Und in diesem IST dürfen *alle* Farbaspekte tanzen.

Wenn sich dann die Erinnerung einhakt und meint, das ist so oder so, dann fallen wir aus dieser Dynamik, aus der Schöpfung, die in jedem Moment neu ist, heraus.

Am Abend fand ein Fest statt. Schon den ganzen Tag ratterten auf dem Schotterweg hinter dem Haus die Mopeds und Lastwagen nach oben zur kleinen Kapelle, die sich an den Berg schmiegt und mit ihrem einigermaßen windgeschützten Vorplatz zum Aufs-Meer-Schauen einlädt.

Auf der verlassenen Feldterrasse hinter der Kapelle – wo wir uns beim Spazierengehen sonst gerne mit frischen Feigen versorgten – waren die Grillstation, Stühle und eine Plattform für eine kleine Musikgruppe aufgebaut. Bestimmt die Hälfte der dreihundert Inselbewohner war schon angekommen, als wir nach dem Abendessen nach oben marschierten. Sie tanzten eine einfache Schrittfolge im Kreis. Zwischendurch trat einer der Tänzer, eine der Tänzerinnen nach vorne, bewegte sich in seltsamen Verrenkungen und gliederte sich danach wieder ein.

Annette und ich lehnten an dem Begrenzungsmäuerchen des Feldes und sahen zu. Nach einer Weile meinte sie, dass wir uns jetzt langsam entscheiden müssten – entweder mitmachen oder gehen.

In Anbetracht dessen, weshalb wir hier waren, entschieden wir uns fürs Gehen.

Am Morgen fragte ich dann Annette, was genau sie eigentlich mit »normalem Menschsein« meine, von dem sie so viel spreche.

*D*as normale Menschsein ist das, worum es geht. Um zu illustrieren, was ich meine, beschreibe ich einfach mal, wie ich heute morgen aufgestanden bin und was dann so gelaufen ist.

Ich bin relativ früh aufgewacht, noch in der Nacht, es war so um fünf Uhr. In diesem Aufwachen wusste ich plötzlich, worüber wir beide an diesem Tag sprechen werden. Ich habe diese Intuition wahrgenommen.

Dann schlüpfte ich wieder unter die Bettdecke und wollte weiterschlafen. Das ging aber nicht. Ich nahm das einfach wahr.

Ich blieb noch eine Weile liegen und sah zum Fenster hinaus. Es war dunkel, die Sterne und der Mond standen noch am Himmel. Und dann hatte ich den Impuls, aufzustehen und rauszugehen. Ich nahm den Impuls wahr.

Also bin ich aufgestanden und rausgegangen. Es war ein wunderschöner Morgen. Der Tag brach gerade an. Ein warmer Wind umhüllte mich sanft. Ich nahm diesen Wind wahr.

Ich nahm mein Gehen wahr. Als ich zur Kapelle kam, wollte ich hineingehen, um zu meditieren. Sie war zu. Die Kapelle war zu. Ich nahm es wahr.

So, dachte ich, dann setze ich mich vorne hin. Da war aber zu viel Wind. Ich stand auf und setzte mich an einen anderen Platz. Und dort blieb ich für eine Zeit und nahm wahr.

Als ich zu meditieren begann, merkte ich, dass Gedanken kamen. Die Dinge, die mir in der Nacht eingegeben worden waren, arbeiteten in mir. So nahm ich wahr: Diese Gedanken arbeiten in mir.

Vielleicht gehe ich einfach nur spazieren, dachte ich. Und so stieg ich weiter den Berg hoch. Ich wollte noch diesen wilden Salbei pflücken, weil ich den Geruch so gerne mag. Also ging ich auf dem Weg weiter. Was kam da? Der Duft von Ziegen. Gestern und vorgestern waren die Ziegendüfte ziemlich intensiv gewesen, und ich merkte, wie in mir bei diesen Düften eine gewisse Aggression hochstieg. Ich mag sie nicht so gerne, weil sie so scharf und dominant sind. Da nahm ich wahr, dass ich sie nicht so mag, dass sie mir nicht so passen.

Ich wandte mich innerlich nicht ab von der Wahrnehmung dieser aggressiven Düfte der Ziegen, die da rumhüpften, sondern es blieb einfach dieser Duft. Und plötzlich musste ich lachen – ja, auch dieser Ziegenduft ist einfach da.

So pflückte ich dann den Salbei, ging zurück ans Meer, machte meine Tai-Ji-Übungen, schwamm noch einmal und duschte mich anschließend. Und in all dem war einfach Gewahrsein. Das, was ist, ist.

Oft stehen die Menschen am Morgen auf, gehen arbeiten und meistens ist ihnen gar nicht bewusst, was sie im Einzelnen tun. Wir essen, aber lesen vielleicht die Zeitung dabei, oder wir essen, und der ganze Tag spult sich schon in uns ab. Normalsein bedeutet, dass bei all dem, was von Innen oder von Außen kommt, bei dem wir aufgefordert sind, etwas zu tun oder zu lassen, ein Gewahrsein dessen ist, was unmittelbar stattfindet, ein Präsentsein im Augenblick.

Wenn ich sage: Ich nehme wahr, dann stimmt das auch nicht ganz, weil ich dann von etwas Getrenntem ausgehe – also ich esse und die Beobachterin sieht, dass dieser Körperorganismus isst. Wenn das Beobachtete und die Beobachterin eins sind, dann ist es einfach Essen. Es ist Den-Wind-Fühlen. Es ist Sehen oder Ziegenduft-Riechen. Es ist einfach Gewahr-Sein, es ist nicht getrennt, es ist im Sein enthalten.

Wir meinen sehr häufig, eine Mystikerin tue bestimmte Dinge in bestimmter Weise. Sie steht im Morgengrauen auf, um zu beten – ich überzeichne jetzt ein bisschen –, dann nimmt sie ein karges Frühstück zu sich und so weiter. Wir haben in unserer Kultur solche tief eingeprägten – wohl kollektiv bedingten – Vorstellungen. Es geht aber nicht primär darum, bestimmte Dinge zu tun. Primär geht es um ein Präsentsein in dem, was ist. Es kann sein, dass ich am Morgen Staubsaugen muss, weil die Wohnung schmutzig ist. Es kann sein, dass ich spazieren gehe, wie das heute Morgen der Fall war – da gibt es keine Wertung von besser oder schlechter.

Unter «normal» verstehe ich, dass sich jede Handlung im Alltag ganz natürlich entfalten kann. Jede Handlung, alles, was zu unserem Menschsein dazu gehört. Jede Handlung im Gewahrsein strebt in sich selbst oder aus sich selbst heraus nach Schönheit, nach Vollkommenheit. So wie es die Qualität des Wassers ist, nass zu sein, so ist die Qualität des Menschseins Bewusstheit, die sich ausdrückt durch Präsentsein im Alltäglichen.

Das ist auch gar nichts Neues. Es gibt diesen bekannten Ausspruch eines Zenmeisters: »Wenn ich esse, esse ich. Wenn ich schlafe, schlafe ich. Wenn ich lese, lese ich.« Das ist eigentlich dieses »Normal«. Was wir zu tun haben, tun wir, was wir nicht zu tun haben, lassen wir, das ist ganz einfach.

Wir müssen dem allerdings noch eine andere Achse hinzufügen, denn es könnte ja einer meinen, wenn er den Impuls verspüre, jemand anderen zu bestehlen, dann sei das eben sein Impuls, Derartiges zu tun.

Und es gibt diese Ebene, auf der dieser Mensch jemanden bestiehlt. Aber es gibt aus dem universellen Bewusstsein heraus noch eine andere Ebene des Verstehens, die besagt: Wenn der andere Mensch und ich nicht-zwei sind, dann bestehle ich mich selbst. Das ist nicht moralisch zu sehen. Aber was wäre dann der Sinn des Stehlens?

Ich selber habe die Neigung zu stehlen nicht, und ich weiß

nicht, wie es ist, wenn jemand diese Neigung hat und diesen Prozess durchlebt hat, ob das dann einfach abfällt. Aber ich habe mich mit meinen eigenen Neigungen beobachtet. Zum einen ist es so, dass ein Großteil wirklich verblasst, einige Neigungen aber bleiben hartnäckig, und ich lote gerade aus, ob diese schlicht zum Charakter, zur Alchemie gehören als Ausdruck der Farbe, des Spiels, oder ob es da in mir noch Tieferes anzuschauen gibt.

Ich kann der Beschreibung meines Morgens noch etwas hinzufügen. Wenn ich zum Beispiel früh aufstehe und sage, oh, ist das toll, dass ich so früh aufgewacht bin, dann könnte das Ich schon wieder etwas daraus konstruieren. Wenn da aber niemand ist, wacht ES auf und ES kommen die Gedanken, die Ideen oder Impulse, ES geht spazieren, ES nimmt diesen Duft auf, ES sieht diesen Sonnenaufgang. Mit erweitertem Bewusstsein, mit universellem Bewusstsein ist gemeint, dass da niemand ist. Das ist bewusstes, normales Menschsein.

Es kann aber durchaus sein, dass in der einen oder anderen Situation etwas in einem hadert. Dann hadert ES. Es ist, wie es ist. Mit dem Gestank der Ziegen, da haderte ES. Das hat mit meiner inneren Alchemie zu tun. Aber ich bin darin nicht gefangen. Es ist, wie wenn ein Ball gegen die Wand prallt und sofort wieder zurückkommt. Etwas nimmt wahr, aha, das mag ich nicht.

Es hadert, aber es hakt sich nicht ein. Die Bewegung bleibt.

Weißt du, es ist wichtig, dass ich mit dem, was ich über diese beiden Morgenstunden gesagt habe, nicht ein neues Bild kreiere von Gewahrsein, Gewahrsein, Gewahrsein. Oder ich esse und esse, schlafe und schlafe. Das ist natürlich nicht *immer*.

> Eines Tages sah ein Zen-Schüler Meister Seung Sahn frühstücken und dabei gleichzeitig Zeitung lesen. Das machte ihm schwer zu schaffen, denn in den Zen-Unterweisungen heißt es:
> »Wenn du liest, dann lies nur.
> Wenn du isst, dann iss nur.«
> Er fragte Seung Sahn, warum er sich nicht an diese Unterweisung halte, worauf dieser erwiderte: »Wenn du isst und liest, dann iss und lies nur!«[*]

Ich bin nicht gefeit davor, dass plötzlich das Ich wieder hineinkommt und anhaftet. Es ist nicht so, dass das Gewahrsein absolut ungetrübt ist, es können extreme Situationen eintreten, in denen das Ich wieder einhakt. Macht nichts – man nimmt es dann wahr, und damit ist es auch bereits wieder losgelassen. Wir können jederzeit – was immer auch ist – wieder in dieses Präsentsein einschwingen. Es spielt keine Rolle. Was ist, ist.

---

[*] Arndt Büssing, Michael Wenger, *Der Tau am Morgen ist weiser als wir*, S. 93, Berlin: Theseus Verlag, 2003

*A*nnette saß schon am Tisch, als ich am Morgen auf die Terrasse kam, Paro, den Papagei mit einer Weintraube fütterte und quer über die Tische von meinen Schwimmereien im Morgenzauber erzählte.

Anna, ich muss dir etwas sagen, *begann sie.*
Also hörte ich zu.
Sie könne hier nicht wirklich tief meditieren, etwas sei unruhig und wenn es einen Ort gäbe, wo sie sich vorstellen könne, dass wir besser arbeiten könnten, so wäre das auf der Insel Kos.
Als wir vor fünf Tagen auf Kos gelandet waren, hatten wir noch einen Tag Zwischenaufenthalt, bis unser Schiff nach Tilos ablegte. An diesem Tag besuchten wir das Asklepieion, jenes antike Heiligtum, in dem auch Hippokrates gewirkt haben und sein berühmter Eid entstanden sein soll.

Es ist eine weitläufige Anlage, die über drei Anhöhen geht, teils mit erhaltenen Tempeln und Tempelresten, teils mit restaurierten Gebäudeteilen. Die dritte Anhöhe, auf der die Spuren des großen Tempels des Äskulap und der Hygieia stehen, mündet in eine Hügelkuppe, den heiligen Hain, der unbebaut ist und den gesamten Tempelbezirk umgibt. Nur Kiefernwald und großer Frieden.
Von den Tempelanhöhen hat man einen grandiosen Blick übers Meer hinüber nach Kleinasien; wir fühlten uns geweitet, inspiriert und waren sicher, dass die Menschen, die in dieser Anlage gewirkt haben, in tiefer Verbundenheit mit sich, ihren Patienten, dem Göttlichen und den Menschen dort drüben auf der anderen Seite des Meeres gestanden haben.
Wir kannten beide eine Schweizerin, die ein tief greifendes Buch über die spirituellen Wurzeln des Hippokratischen Eides

geschrieben hat. Aus irgendeinem Grund hatte ich sie vor unserer Reise gebeten, mir doch die Adresse ihres Quartiers auf Kos mitzugeben. Diese Telefonnummer hatte ich also in der Tasche.

Es war kein Bedauern, es war einfach der nächste Schritt.

Wir klärten unsere Angelegenheiten mit unseren Gastgebern und bestiegen am frühen Nachmittag das Schiff zurück nach Kos.

Dort war alles nicht so schön, nicht so einsam, nicht so unberührt. Aber von der Kraft der Insel her war alles weit und von Inspiration getragen.

*U*m Gewahrsein verstehen zu können, brauchen wir ein Verständnis für die unterschiedlichen Ebenen und die Entwicklung des Bewusstseins. Unser Ich-Bewusstsein ist ein rationales, verstandorientiertes, aber es gibt nicht nur dieses Bewusstsein, wir müssen uns daran erinnern, dass es magische Weltbilder gab, mythische Weltbilder, die in der heutigen Zeit immer noch wirken.

Jean Gebser spricht von einem archaischen Weltbild oder Bewusstsein in den ganz frühen Zeiten des Menschseins. Es bildete sich dann ein magisches Bewusstsein heraus, das wir auch heute noch zum Beispiel im Schamanismus antreffen. In der griechischen Mythologie begegnen wir dann einem mythischen Bewusstsein. Später formte sich die rationale Ebene im Bewusstsein, die kennen wir alle. Jetzt kommen wir in einen Bewusstseinsstrom, der sich aus dem rationalen Prinzip heraus in ein transpersonales, postrationales Bewusstsein erweitert – in ein Bewusstsein, das manchmal auch als universelles Bewusstsein bezeichnet wird oder das man, mit Ken Wilber, das kosmische Bewusstsein nennen könnte.

Im transpersonalen Bereich des Ich-übersteigenden oder -transzendierenden Bewusstseins kann man wieder drei Erfahrungsebenen unterscheiden.

Die erste Stufe – Ken Wilber nennt sie sensitiv – lässt sich mit der Naturmystik vergleichen. Ich denke, viele Menschen kennen die Erfahrung, dass sie draußen in der Natur plötzlich eins werden mit dem Sternenhimmel, mit dem Meer, mit einem Baum, mit einem Wald, mit dem Mond, mit dem Sonnenlicht. Dieses Einswerden kann auch in der Musik erfahren werden, da gibt es plötzlich keine Trennung mehr zwischen dem Gehörten und dem Hörenden. Das wäre eine erste Ebene der Erfahrung.

Eine weitere Ebene in diesem – holografischen – Verständnis ist, dass wir zum Beispiel in der Sufi-Tradition vom inneren Einswerden des Geliebten mit dem Liebenden und der Liebe sprechen. Diese Erfahrung ist noch feinstofflicher, sie vollzieht sich nicht durch ein äußeres Bild der Wahrnehmung, sondern durch ein inneres, göttliches Bild, mit dem man verschmilzt. Der Liebende geht im Geliebten, in diesem göttlichen Bild auf. Diese Ebene gehört auch in den transpersonalen Bewusstseinsbereich, Wilber nennt sie die subtile Ebene, was in etwa der Gottesmystik entspricht.

Die dritte Ebene nennt er die kausale, dort ist im Versunkensein kein Bild mehr, nichts mehr, Nichts-und-Alles.

Da gibt es keinen Gott mehr, da ist nichts mehr.

Der Übergang, die Häutung, findet im transpersonalen Bewusstseinsbereich statt, zwischen der Ebene der Gottesmystik und dem Nichtdualen. Und dort, kann man sagen, bleibt uns Gewahrsein; keine Bilder, einfach Gewahrsein. Nachdem wir einen spirituellen Weg durchlaufen, einen Prozess vollzogen haben, den Kreis sozusagen abgelaufen sind, lassen wir diesen Kreis wieder zurück. Was übrig bleibt, ist Gewahrsein. Das Jetzt.

Gewahrsein ist Bewusstsein. Gewahrsein ist, wenn alles im Menschen still ist, ist wie ein Licht, das einfach brennt, es beinhaltet die Qualität von Liebe, von Leben.

Gewahrsein kann man fast nicht mehr als einen Zustand beschreiben, weil es dynamischer ist als ein Zustand. Frau Tweedie hat gesagt: »Ich bin eigentlich immer verliebt, ich weiß nur nicht in wen.« Gewahrsein hat etwas mit diesem offenen, wachen Zustand von »In-tiefer-Liebe-Sein« zu tun.

Im Gewahrsein ist keine Person, und trotzdem geschieht Gewahrsein durch die Person, aber es ist, als wäre alles in einem Punkt zusammengefallen – die Person, die sieht, das Sehende und das Gesehene. Es ist keine Person mehr da, es ist Bewusstsein an sich oder Liebe an sich. Es ist weit wie der Himmel, tief wie die Erde – offenes Dasein. Das Gewahr-Sein hat auch das Sein in sich; es ist in der Erfahrung entspannt, es ist nicht angestrengt, es ist etwas ganz Natürliches, Selbstverständliches, Leichtes, wie ein Glockenklang.

Dieses Gewahrsein ist ein Wahr-Sein, das sich selbst bewusst ist. Es ist interessant – ge-wahr-sein, das, was wahr ist. Keine Vorstellungen, keine Konzepte, keine Ideen, ein offenes Willkommenheißen dessen, was ist.

Es ist schwierig zu beschreiben, ich kann nur versuchen, es einzukreisen. Gewahrsein hat diese lichte Kraft, diese Dynamik, diesen Geschmack der Liebe, diese unendliche Offenheit, diese Präsenz. Und gleichzeitig das Tänzerische im Sinn von verspielt, lebenstänzerisch, das Freudige, Humorvolle, weil ja nichts wirklich geboren wird und stirbt.

Aber das ist schon zu viel gesagt. Gewahrsein ist einfach Gewahrsein. Das ist, was bleibt. Immer im Jetzt, in jedem Augenblick neu, kreativ. Letztlich ist es ein Mysterium.

Das Verrückte ist, dass das, was bleibt, das ist, was schon immer da war, das, was wir nicht erreichen können. Wir sind immer schon Gewahrsein gewesen, es ist nur zugedeckt und verschüttet. Das Gewahrsein ist identisch mit dem ICH BIN, das völlig unpersönlich ist. Kein Bild ist in diesem Sein, in der Präsenz, in jedem Augenblick. Und das *war* immer, *ist* immer im Menschen vorhanden, *wird* immer sein – der Mensch ist sich dessen nur nicht bewusst. Es ist unglaublich. Da rennen wir jahrelang hinter etwas her, wir suchen und suchen, und es ist unmittelbar hier und jetzt.

Dieser Schritt ins Nichtduale ist also gar nicht so schwer, so kompliziert, unerreichbar, weit weg, nein, wir sind schon da.

Damit sich dieser Paradigmenwechsel weltweit vollziehen kann, und ich meine wirklich weltweit, geht es darum zu verstehen, dass die einzelnen Wege oder Pfade *im Dienst* dieses Übergangs stehen, die Pfade an sich sind etwas Sekundäres.

Das Primäre ist die Transformation vom Personalen ins Transpersonale. Das muss sich in seiner Fülle, in seiner Ganzheit vollziehen, all die Bereiche, in denen wir auf dem Weg plötzlich wieder in «ich« und «mein« zurückfallen, kann man vergessen.

Gewahrsein ist die Substanz, aus der der Mensch gemacht ist – wenn wir diese alte Sprache verwenden. Menschsein bedeutet, dass wir bereit sind, diesen Schritt von uns selbst weg zu machen, das heißt, uns nicht mehr als getrennt, als ich und du, zu erfahren. Und ich rede dabei von der Menschheit und nicht von einzelnen Menschen – im Moment sind es zwar noch einzelne Menschen, es wird auch noch dauern, es kann noch Jahre, Jahrzehnte dauern –, weil die Richtung eindeutig dahin geht, dass der Mensch jetzt dieses neue Weltbild im eigenen Selbstverständnis integriert.

Ich möchte dem Einzelnen diesen Schritt erleichtern und sagen, schau, es braucht gar nicht so viel. Das, was du suchst, ist bereits da.

Wie geht das?

Wenn wir jetzt einfach anhalten und uns nach innen wenden, nur gewahr werden, in unser Sein hineinspüren, dann ist da keine Person mehr. Da ist dieses bildlose Gewahrsein, das nicht lokalisiert werden kann und keiner Zeitdimension unterworfen ist.

Wenn ganz viele Menschen bewusst in dieser Weise ihren Alltag leben, wird sich viel verändern, weil in diesem raumlosen, zeitlosen Raum, in diesem Jetzt-Gewahrsein die ganze Welt enthalten ist.

Das hat große Konsequenzen, die sich in der Lebensweise und im Weltbild zeigen werden. Das braucht Zeit. In diesem Feld ist im Moment eine heftige Dynamik wirksam. Sie stößt den Menschen förmlich von innen her, im innersten evolutiven, spiralig-kreisförmigen Prozess.

Das ist die relative Ebene. Auf der absoluten Ebene sind es Formen, Bewegungen, die aus einem Nullfeld heraus kommen und gehen, aus dem Nichts heraus entstehen und wieder vergehen. Ein Tanz des Nichts-Alles, in dem ein tiefes Nichtwissen ist. Im Innersten wissen wir nicht, im Innersten kann der Mensch nicht wissen. Das ist das Geheimnis und das Mysterium.

Was uns bleibt, ist dieses Gewahrsein im Augenblick, und das ist in sich Freude.

Früher waren die spirituellen Wege mit viel Leid verbunden. Wenn wir zum Beispiel über das Leben von Johannes vom Kreuz lesen, welche menschlichen Kraftakte er hat vollziehen müssen, oder über das des Schweizers Bruder Klaus, wenn ich mir sein Leben anschaue, wie er in einer Klause gehaust, auf einem Stein geschlafen hat, wenn wir das Leben des Buddha betrachten, sein jahrelanges Experimentieren mit asketischen Praktiken, dann sind das ungeheure Kraftakte, zu denen nur ganz, ganz wenige Menschen in der Lage waren, weil es einer solchen Intensität bedurfte, um zu diesem Licht, dem eigentlichen, tiefsten Wesen des Menschseins durchzubrechen. Wenn wir die Leben vieler Mystikerinnen und Mystiker betrachten, dann waren das oft Wege des Kreuzes, verbunden mit sehr viel Leid. Diese enormen Leidenswege sind heute in diesem Ausmaß nicht mehr notwendig, es vollzieht sich leichter. Es ist, als hätten all diese Menschen als Archetypen den Weg »vorgespurt«, das morphogenetische Feld mit ihrer Kraft in Schwingung gebracht, so dass es für uns nun leichter ist. Wir haben in der kurzen Zeit, in der wir jetzt gelebt haben, gesehen, was Frau Tweedie bewirkt hat, und sehen jetzt auch schon die Veränderung bei den Menschen, die heute in die Meditationsgruppen kommen; es geht leichter, es bedarf weniger Zeit.

> Einige verlassen ihr Zuhause.
> Andere verlassen die Einsiedeleien.
>
> Dieses Verzichten bewirkt alles nichts,
> wenn du nicht zutiefst bewusst bist.
>
> Tag und Nacht sei bewusst
> mit jedem Atemzug
> und lebe dort.
> *Lalla**

Es ist dynamischer, es geht anscheinend schneller und braucht nicht mehr unbedingt diese absoluten Verzweiflungsmomente, diese dunkle Nacht der Seele über Jahre. Der Prozess scheint sich in einer schnelleren Dynamik zu vollziehen. Das meine ich mit leichter.

Zudem sind uns heute Wege bekannt, die nicht mehr prozessorientiert sind, sondern die unmittelbar ins Präsentsein hineinführen. Das ist eine relativ neue Erscheinung. Nehmen

---
* Lalla, *Naked Song*, Translation by Colemann Barks, S. 49; deutsche Übersetzung von Franziska Spinoza

wir Eckhart Tolle. In seinem Buch *Jetzt – Kraft des Gegenwärtigseins* geht es um unmittelbares Gegenwärtigsein im Augenblick. Das sind Ansätze, die es leichter machen können. Diesen Erscheinungen entnehme ich, dass da gleichsam ein Drang in der Schöpfung ist, jetzt aus sich selbst heraus dieses Ich- und Mein-Bewusstsein zu überwinden.

Für mich war es interessant, zu diesem Thema Ani Tenzin Palmo zu hören. Sie ist eine tibetische Nonne, die sehr tief greifend im Rahmen des tibetischen Buddhismus praktiziert. Sie hat in einem Vortrag die Natur des Geistes veranschaulicht.* Auch sie spricht ganz klar von diesem Präsentsein, von diesem Gegenwärtigsein. Und sie sagt, es sei *nicht unbedingt zwingend* nötig, vorher den Geist mithilfe verschiedener Praktiken zu reinigen, bis er still wird.

Auf unserem Weg zum Beispiel gibt es gar nicht so viel an Veränderungen, weil wir eine Praxis haben, die an sich sehr einfach ist, schon aus dem äußeren religiösen Kontext herausgelöst und damit transkonfessionell ist.

Im tibetischen Buddhismus werden im Allgemeinen erst Fortgeschrittene darin unterwiesen, die Leere des Geistes zu erkennen und zu praktizieren. Heute kommen aber Leute, die noch nie vom tibetischen Buddhismus gehört haben, mit dieser Kern-Übung in Berührung. Das finde ich interessant und eine Erleichterung, weil es als Vorbereitung keiner jahrelangen Praxis mehr bedarf mit Visualisationen, Niederwerfungen, Mandalas und so weiter. Die Praxis scheint sich tatsächlich zu vereinfachen.

In meinem Umfeld beobachte ich auch, dass es schneller geht. Wofür wir früher zehn Jahre brauchten, das geschieht jetzt

---

* siehe das Video *The Nature of Mind* unter www.project-ananda.com

manchmal in zwei bis drei Jahren, wenn es überhaupt so lange dauert. Das ist schon erstaunlich, ich kann diese Beschleunigung auf der relativen Ebene sehr genau feststellen.

Eine wirkliche Tradition ist immer dynamisch, sie wird sich auf diese Beschleunigung beziehen und die Suchenden nicht durch feste Formen der Tradition behindern. Es gibt natürlich Stationen, aber sie werden gleich wieder transzendiert, das ist der entscheidende Punkt. Dort, wo Traditionen eine Tendenz haben, in die Verharrung zu gehen, dort sollten sie selbst transzendiert werden. Wenn sich eine Tradition an einer Stelle einfach am Leben erhalten möchte, an der es angesagt wäre, den Menschen zu sagen, seid frei, folgt eurem Licht, finden subtil eine Rückbindung, ein Festhalten statt.

Der Weg geht in die Freiheit. Ich sehe da bisweilen dieses Steckenbleiben, diese Anhaftung – Anhaftung an den Weg, an die Bilder, die mit diesem Weg verbunden sind, Anhaftung an Stationen, an das Ziel der Erleuchtung. Oft ist genau das der letzte Nagel zum Ego-Sarg, der geschlagen werden muss. Das Bild muss entzogen werden, denn was der Mensch sucht, ist er selbst. Und je mehr wir das verstehen – ich meine damit nicht verstehen vom Verstand her, sondern als ein tieferes Erkennen –, desto leichter und auch einfacher wird es.

Diese Überfahrt. Sie klang nach, auch noch an unserem zweiten Tag auf Kos. Unsere Rückfahrt von Tilos nach Kos.

Es war ein strahlender Tag gewesen. Die See war ruhig und spiegelte dieses einmalige Licht der Ägäis, jenes Licht der ersten Stunde.

Auf dem Oberdeck kam ich mit einem Mann meines Alters ins Gespräch. Er war Ingenieur, hatte bis vor zwanzig Jahren eine lange Zeit in Griechenland gearbeitet und jammerte mir die Ohren voll und sich ins Herz, wie schlecht hier alles geworden sei. Wie korrupt die Menschen seien, wie sie Raubbau an der Natur betrieben, nicht mal Delfine gebe es mehr.

Ich wünschte ihm Gutes, warf meinen Kaffeebecher in den Papierkorb und setzte mich alleine in eine andere Bankreihe, als ein Raunen durch die Reihen ging.

Delfine! Ganz nah begleiteten sie uns, sprangen in ihrer so typischen Weise aus dem Wasser, dass wir alle in heller Freude waren. Annette und ich sahen uns wortlos an, eingetaucht in Freude. Freude selbst. Innen. Außen. Wer springt?

Der wolkenlose, blaue Himmel tat noch ein Übriges und spannte einen Regenbogen über uns. Jede, die Frau Tweedies Buch gelesen hat und sie kannte, wusste – das ist ein Gruß unserer Altvorderen.

In diesem Nachklang also schwangen wir noch, als wir am zweiten Tag in unserem Bungalow auf Kos wieder die Möbel rückten, die Decken am Boden ausbreiteten, das Tonband anschalteten, um der Frage nach dem, was Bewusstsein sei, genauer nachzugehen.

*I*ch sitze hier in diesem Raum und weiß, dass ich in diesem Raum sitze. Das ist Bewusstsein, das selbstreflektierend ist. Oder wenn ich schwimme, dann weiß ich, dass ich schwimme. Wenn ich spreche oder zuhöre, dann weiß ich, dass ich spreche oder zuhöre. Das ist einfach nachvollziehbar.

Ich hatte schon von Jean Gebsers Modell der Bewusstseinsebenen gesprochen. Ramana Maharshi geht einen anderen Weg; er beschriebt vier verschiedene Bewusstseinsebenen.

Er beginnt mit dem Tages- oder Wachbewusstsein. Wenn wir am Morgen aufwachen und das ganz genau beobachten, dann ist für einen kleinen Augenblick Gewahrsein. Danach erst kommt der Ich-Gedanke, ah, ich bin Annette, ich liege hier im Bett. Jetzt erst erscheint die Welt. Jetzt bin ich im Bewusstsein von dieser Welt. Das Wachbewusstsein kann noch in weitere Aspekte unterteilt werden, darauf werde ich später noch kommen.

Eine zweite Ebene des Bewusstseins ist unser Traumbewusstsein. Im Tagesbewusstsein sind der Körper und der *mind** in Bewegung. In der Nacht ist der Körper ruhig. Aber der *mind* ist in Bewegung und produziert Bilder, wenn wir träumen. Das ist auch eine Art von Bewusstsein – wir wissen ja am Morgen manchmal, was wir geträumt haben.

Eine weitere Ebene des Bewusstseins ist der Tiefschlaf. Im Tiefschlaf ist der Körper ruhig *und* der *mind* ist ruhig. Wir wissen im Tiefschlaf nichts von uns selbst noch von der Welt.

---

* Der englische Begriff *mind* drückt in einem Wort Geist, Verstand, Denken, Intellekt, Erinnerung aus. Da es als englisches Wort für uns fremdsprachig ist, ermöglicht es manchen Menschen unpräzise präzis den *mind*-Aspekt gesamthaft zu erfassen.

Beim Aufwachen aber wissen wir, dass wir gut geschlafen haben. Wir sind sogar erholt, wir sind entspannt.

Der vierte Bewusstseinszustand ist in diesen drei Stadien immer vorhanden. Er wird als Präsenz, Wachsein oder reines Bewusstsein bezeichnet. Das ist, was wir wirklich sind.

In der spirituellen Schulung lernen wir, mit diesem Bewusstsein in Kontakt zu kommen, indem der Geist ruhig, indem die Gefühlswelt, das Ich-identifiziert-Sein, die inneren Bewegungen still werden.

Auch die Tiere haben Bewusstsein, auch die Pflanzen haben eine Art von Bewusstsein. Wenn wir Pflanzen Musik vorspielen, reagieren sie. Sie reagieren auf Fürsorge, wie die Tiere auch. Das ist durchaus eine Art von Bewusstsein. Die Indianer sagen, sogar in den Steinen ist ein Bewusstsein.

Unsere Wahrnehmung und unser Bewusstsein stehen natürlich in einem Zusammenhang. Wenn ich hier aus dem Fenster schaue, dann sehe ich im Garten einen Orangenbaum stehen.

Indem ich ihn anschaue, reflektiert das Licht auf meiner Netzhaut. Fotoempfindliche Zellen lösen in der Netzhaut elektrochemische Impulse aus und die wiederum sprechen über den Sehnerv den optischen Teil des Gehirns an. Im Gehirn kommen diese optischen Informationen dann zusammen und bilden, vereinfacht dargestellt, ein Abbild von diesem Baum. Wir sehen dann letztlich nicht den Baum, sondern lediglich (über das Bewusstsein, das sich in uns gebildet hat) ein Abbild des Baums. Das ist eigentlich verrückt, weil wir ja immer meinen, die Welt da draußen existiere so, wie wir sie wahrnehmen.

Wenn wir diesem Prozess etwas genauer folgen, dann ist alles, was wir außen sehen, ein Abbild dessen, was über den Sehnerv als Impuls aufgenommen und ins Gehirn weitertransportiert wurde. Jeder Mensch nimmt nun diesen Baum je nach seiner persönlichen Bedingtheit in einzigartiger Weise als Abbild auf.

Ein Baum erscheint uns offensichtlich als Baum. Also nehmen wir an, der Baum *ist* einfach. Gestern sah ich ein großes Segelschiff. Meine Augen nehmen das wahr, das geht in Sekundenblitzesschnelle. Auf der Netzhaut findet eine fotoelektrochemische Reaktion statt. Sie gibt den Lichtimpuls weiter. In meinem Gehirn gibt es ein Abbild dieses Segelschiffs. Nun wirken aber in dieses Abbild des Segelschiffs noch andere Komponenten hinein. Vielleicht ist in meiner Erinnerung eine Sehnsucht nach der Weite des Meeres damit verbunden. Bei jemand anderem kommt eine andere Würze hinein, vielleicht die Erfahrung eines Sturms. Wir fühlen uns von dem Bild angezogen oder abgestoßen oder reagieren mit Offenheit. Auf diese Weise reagieren wir auf alles, dem wir begegnen, neutral, positiv oder negativ.

Tatsächlich wird dieses Segelschiff also von jedem Menschen einzigartig wahrgenommen. Einerseits spielen da die familiären, die persönlichen und die gesellschaftlichen Konditionierungen eine Rolle, andererseits auch die spezifische Alchemie eines jeden Menschen. Jeder Mensch ist einzigartig.

Weil dieses Abbild *in* jedem Menschen ist und nicht da draußen, ist die Welt eigentlich im Bewusstsein. Damit ist unser normales Verständnis auf den Kopf gestellt.

Wir haben in unserer Sufitradition einen Ausspruch, der genau diesen Vorgang ausdrückt: »Ich war ein verborgener Schatz und wollte erkannt sein. So schuf Ich die Welt« – der unerkannte Schatz, der erkannt werden will durch die Schöpfung, die Sehnsucht danach, erkannt zu werden, das Eine, das sich in der Vielfalt spiegelt, um sich selbst darin zu erfahren …

> Etwas, dessen ich mir einst bewusst war,
> aber jetzt vergessen habe.
> Etwas, das mir unbekannt ist,
> aber in mir wirkt.
> Etwas, das ein Muster in mein Denken
> wirft und mir eines Tages bewusst wird.
> Etwas, das nach mir sucht und mich
> braucht, um sich selbst zu entdecken.
>
> *Robert Barry, Konzeptkünstler*[*]

Bewusstsein ist wie das Licht, das die Reflexion ermöglicht.

Die Dinge, die wir außen sehen, sind eine Spiegelung. Sie sind ein Abbild. Wenn wir im Spiegel ein Bild sehen, dann ist das Bild nicht wirklich und trotzdem ist es scheinbar wirklich. Was wirklich ist, ist der Spiegel selbst, reines Bewusstsein.

Die Dinge sind also nicht so, wie sie erscheinen. Der Mensch erfährt sich normalerweise aus diesem Körper heraus, in dem das Bewusstsein scheinbar enthalten ist, aber es ist genau umgekehrt – der Körper ist im Bewusstsein enthalten. Die ganze Welt ist im Bewusstsein enthalten. Wir aber beschränken uns selbst in dieser begrenzten Sicht von: Wir sind Körper und irgendwo da drin ist Bewusstsein. Meistens zeigen wir dann noch an den Kopf und meinen, da müsste es sein.

Wenn wir das aber genauer untersuchen, können wir nichts finden, da ist nichts.

So kommen wir zu der Fragestellung: Wo ist denn dieses Bewusstsein wirklich? Und daran anknüpfend: Wer bin ich?

Der Begriff »Bewusstsein« ist in unserer vernunftorientierten Gesellschaft weit verbreitet, und seine Bedeutung scheint

---

[*] Text dem Katalog der Ausstellung »Robert Barry – 1963–1975« entnommen. Kunsthalle Nürnberg, Bielefeld: Kerber Verlag, 2003, deutsche Übersetzung A. P.

geklärt, aber für das, was ich meine, wäre das richtige, vollständige Wort *Sat-Chit-Ananda** und das ist *nicht nur* Bewusstsein. *Sat* bedeutet Existenz, Leben; *Chit* bedeutet Bewusstsein, das ist der Lichtaspekt; und *Ananda* ist die Glückseligkeit. Und erst diese Trinität empfinde ich als eine vollständige Beschreibung dessen, was wir Bewusstsein nennen. ICH BIN ist identisch mit *Sat-Chit-Ananda*. ICH BIN Annette ist gegenständliches Bewusstsein, ICH BIN ist universelles Bewusstsein. Wenn ich nun aber schaue, wo und was ist denn dieses ICH BIN – dann gibt es darauf keine Antwort. Höchstens: Ich weiß nicht. Wenn man sich diese Frage zutiefst stellt, kommt dieses Nichts-Alles, das sich dem Raum und der Zeit entzieht, es ist Raum-Zeit transzendierend.

Ramana Maharshi sagt, dass im Herz der Herzen – das liegt im rechten Brustteil des Menschen, nicht links, nicht in der Mitte, und doch ist es dort nicht zu finden –, dass also im Herz der Herzen dieses universelle Licht, das universelle Bewusstsein, liege. Es ist wie eine Flamme. Im Sufismus haben wir das Herz der Herzen im Bild der Öllampe, die brennt, ohne dass das Feuer das Öl berührt – Licht über Licht.

Das ist, was wir wirklich sind. Das ist das ICH BIN. Dieses So-Sein gibt einen Teil des Lichts an den *mind,* so entsteht die Denkfunktion. Sie ist damit immer nur Abbild, wie der Orangenbaum, den wir betrachten. Das Eigentliche ist die Flamme, ist dieses ICH BIN, ohne spezifiziert zu sein als dies oder jenes. Dieses Licht ist seiner selbst gewahr.

Wenn wir uns nun hineinversenken in dieses »Was oder wo ist denn das ICH BIN?«, dann stellen wir fest, dass der innere Raum der äußere Raum ist und umgekehrt, dass es weder oben

---

* *Sat-Chit-Ananda* (Sanskrit) ist ein Ausdruck, den Ramana Maharshi oft verwandt hat, und bedeutet als *ein* Wort: Sein – Bewusstsein – Seligkeit.

noch unten, weder innen noch außen gibt, und zugleich ist es oben und unten und zugleich ist es innen und außen – das heißt, wir können es nicht lokalisieren. *Alles* ist darin enthalten. Das ist reines Bewusstsein, in dem die ganze Erscheinungswelt enthalten ist. Das ist, wie die Welt wirklich ist, und nicht, wie wir sie über die Sinne wahrnehmen – als etwas außerhalb von uns Existierendes.

Das ICH BIN, auf der Ebene von *Sat-Chit-Ananda*, entspricht in unserer Sufi-Terminologie dem Einssein der oder des Liebenden mit dem oder der Geliebten. Was spürbar ist, ist der Duft der Liebe. Aber dieser Duft der Liebe, dieses ICH BIN, verschwindet auch noch. In diesem Nullfeld, in diesem NICHTS, findet man keine Eigenschaft mehr, es ist jenseits von allen vorstellbaren, benennbaren Eigenschaften. Auf der Ebene von ICH BIN – oder wenn Geliebter und Liebende eins sind – haben wir eine Wärme im Herzen, haben wir eine Liebe im Herzen, wir haben dieses Leuchten in den Augen, wir haben dieses Singen im Herzen – das ist die Ebene von ICH BIN.

Aber diese Ebene vergeht auch, und es bleibt nichts, das alles ist.

Um die verschiedenen Aspekte des Tagesbewusstseins näher zu beleuchten, möchte ich gerne das Modell, das Ken Wilber verwendet, heranziehen, weil es für mich im Moment das ausgereifteste ist. Es sind ja alles nur Modelle und Konzepte, aber sie sind eine Orientierungsmöglichkeit.

> Ken Wilber arbeitet seit einigen Jahren mit der Theorie der *Spiral Dynamics*, die von Don Beck entwickelt wurde und auf der Arbeit von Clare Grawes basiert.[*]
>
> Modellhaft werden die Wellen des Bewusstseins in spiraligen Entwicklungsstufen darstellt. Die Entwicklung betrifft dabei sowohl die Menschheitsgeschichte als auch den einzelnen Menschen. Den einzelnen Stufen – Meme genannt – werden Farben zugeordnet:
>
>

---

[*] Wer sich genauer mit den Spiral Dynamics beschäftigen möchte:
Ken Wilber, *Ganzheitlich handeln*, Freiamt: Arbor Verlag, 2001
Ken Wilber, *Einfach Das*, Frankfurt am Main: Fischer Verlag, 2001
In der Zeitschrift *Was ist Erleuchtung* (Frühjahr 2003) ist es Thema oder in den zahlreichen Ken Wilber Seiten im Internet.

BEIGE – Überlebe
Überlebenswille, archaisch-instinktiv, ich-orientiert, Instinkte und angeborene Sinne sind geschärft.

PURPUR – Unsere Art
Magisch-animistisch, in der Gegenwart der Ahnengeister, wir-orientiert, Sicherheit und Harmonie werden in einer geheimnisvollen Welt gesucht.

ROT – Ich zuerst
Mächtige Götter, ich-orientiert, impulsiver Selbstausdruck, Freiheitsdrang, Starksein.

BLAU – Tu das Richtige
Mythische Ordnung, Macht der Wahrheit, wir-orientiert, Zukunft sichern, Ordnung schaffen, Zweck bestimmen.

ORANGE – Komm voran
Errungenschaften der Wissenschaft, Streben und Trachten, ich-orientiert, analysieren und planen um des Gedeihens willen.

GRÜN – Alle zusammen
Das sensible Ich, menschliche Verbindungen, wir-orientiert, Gleichberechtigung, Erforschung des eigenen Inneren.

GELB – Natürliches Fließen
Integrativ, Flexibilität und Fließen, ich-orientiert, Integration und Einpassen von Systemen.

TÜRKIS – Synergie
Holistisch, ganzheitliche Sicht, wir-orientiert, Synergie, Makromanagement.

KORALLE – taucht jetzt langsam auf ...
Integral-holonische Ebene

Das Verständnis dieses Modells kann im Alltag helfen, die verschiedenen Bewusstseinsschichten zu erkennen und zu unterscheiden. Diese Bewusstseinsschichten greifen holografisch ineinander. Das eine Bewusstsein geht immer auf in das nächst höhere.

Ich fand es sehr spannend, wie Wilber daran die verschiedenen Bewusstseinsaspekte der Menschen in den USA in ihren Reaktionen zum 11. September 2001 veranschaulicht hat. Wie reagieren die verschiedenen Bewusstseinsebenen des Menschen bei einem solchen Ereignis? Wenn ich es etwas vereinfache, dann gibt es eine Ebene, die *rote*, die sagt: Sie haben uns getötet, also töten wir sie. Das ist eine – ohne das zu bewerten – relativ niedrige Bewusstseinsebene. In der Evolution folgt als nächste Ebene die blaue Bewusstseinsebene, die sagt: Unsere Werte wurden angegriffen, wir müssen unsere Werte verteidigen. Eine Erweiterung des Bewusstseins schwingt darin. Eine nächste Ebene wäre die grüne Ebene. Die grüne Bewusstseinsebene würde sagen: Seht ihr, ihr habt diese Völker so lange ausgebeutet, jetzt bekommt ihr die Retourkutsche. Das ist bewusstseinsmäßig wieder ein anderes Verständnis.

Es ist nun nicht so, dass ein Mensch einfach nur in einer Bewusstseinsebene schwingt, meistens sind die Bewusstseinsebenen vermischt. Aber eine Bewusstseinsebene wird vorherrschend sein. Es ist wichtig, dass die verschiedenen Bewusstseinsebenen nicht gewertet werden, sondern sie sind, was sie sind. Vielleicht leben wir vorwiegend in einer grünen Bewusstseinsebene, das heißt, eine Sensibilisierung hat stattgefunden, man möchte umweltbewusst leben, kümmert sich um den Zustand unseres Planeten. Aber es ist möglich, dass in einem bestimmten Moment im Zusammenhang mit irgendeinem Geschehnis etwas in uns plötzlich in ein rotes Bewusstsein zurückschnellt. Es muss dann nicht notwendigerweise zu einem gewalttätigen Ausdruck kommen, aber es gibt diese alten Reaktionsweisen in uns, auch wenn wir vielleicht hauptsächlich in grün eingeschwungen sind. Es könnte auch sein, dass in einem anderen Bereich noch ein Rest blau da ist.

Je weiter und umfänglicher das Bewusstsein, je integrierter es ist, desto höher ist es von seiner Entwicklung her zu sehen: Und erst von einem bestimmten Standpunkt aus hat man das Unterscheidungsvermögen, diese verschiedenen Bewusstseinsaspekte auch wirklich als solche wahrzunehmen, *ohne* in eine Wertung oder Abgrenzung zu kommen. Erst dann können sie als Teil, als Spiel des Ganzen gesehen werden. Oder auch als notwendige Entwicklungsschritte, weil keiner übersprungen werden kann. Wir durchlaufen mit unserem Geborenwerden individuell all diese Bewusstseinsschritte der Menschheitsgeschichte. Entwicklungsgeschichtlich steht nun der Übergang vom grünen in ein integrales oder universelles Bewusstsein an.

Ein spiritueller Weg versucht das Tagesbewusstsein, das sich in seiner Wahrnehmung des Lebens in Bildern, Farben, Düften auffächert, zurückzuführen in die Essenz, in der das reine Licht wahrgenommen wird. Das wäre dann reines Bewusstsein, also das, was Bewusstsein an sich ist. Da wir aber selbst reines Bewusstsein *sind*, können wir nie wirklich erfassen, was Bewusstsein ist.

Wenn wir meditieren, das heißt eintauchen in das reine Bewusstsein, in die Liebe, in das Licht, dann werden Raum und Zeit relativ, sie verschwinden. Viele von uns haben schon die Erfahrung gemacht, *in etwas* eingetaucht zu sein, und das Raumbewusstsein und auch die Zeit waren nicht mehr da. Man setzt sich zum Meditieren hin und plötzlich sind einenhalb Stunden vergangen.

Es gibt dazu einen interessanten Hinweis aus den Naturwissenschaften – je mehr man sich der Lichtgeschwindigkeit annähert, desto mehr staucht sich der Raum und verlangsamt sich die Zeit. Das heißt, in der Wissenschaft wurde erkannt, dass Raum und Zeit keine gegebenen, konstanten Größen sind.

Wir finden da also eine Parallele in den Erkenntnissen der Wissenschaft und den Erfahrungen der Mystikerinnen und Mystiker. Es ist die Erkenntnis dessen, was der Mensch als *Konstante* wirklich ist, denn der Körper kommt und geht, Gedanken kommen und gehen, Gefühle kommen und gehen.

Wer ist in der Welt – bin ich in der Welt oder ist die Welt in mir?

Im *tibetischen Buch der großen Befreiung* heißt es: »Die Materie kommt aus dem Geist oder dem Bewusstsein und nicht das Bewusstsein aus der Materie.«[*] Letztlich ist also Materie Bewusstsein und sie sind nicht-zwei, beide gehören zusammen. Wenn Prof. Dürr[**] sagt, Materie sei eine stehende Welle oder verkrusteter Geist, dann sehen wir, wie sich diese alte Polarität Geist-Materie auflöst, und zur gleichen Zeit spielen diese Polaritäten miteinander, weil die Welt auf dem Polaritätsprinzip aufgebaut ist, aber *in sich* ist sie nicht-zwei.

R. Balsekar[***] sagt: »Du bist das gesamte Universum, du bist in allem, alles ist in dir, die Sonne, der Mond und die Sterne kreisen in dir umher.« Das ist genau diese Erfahrung, wenn man die Laus ist, wenn man die Sterne ist, das Meer ist – das ist, was wir sind. Dann erleben wir nicht mehr diese Enge, dieses Im-Körper-eingeschlossen-Sein, sondern wir entdecken, wir sind dieses Bewusstsein, dieses eine Bewusstsein, das das ganze Universum ist.

Und das ist es, was der Mensch ist. Dadurch hat er auch *in*

---

[*] W. Evans-Wentz, U. v. Mangold, *Das tibetische Buch der großen Befreiung*, Wien, München: O. W. Barth, 1955

[**] in seinem Vortrag auf der Lindauer Tagung für Tiefpsychologie, 2002

[***] R. Balsekar, *Duft der Einheit. Der Ashtavakra Gita Dialog*, Bielefeld: Kamphausen Verlag, 1999

sich Zugang zu allen Informationen. Und wenn ich die Sterne bin, wenn ich du bin, wenn ich der Klang der Wellen bin, die ans Ufer schlagen, wenn ich die Hitze der Sonne bin, dann ist das unendlich weiter Raum. Und das ist für mich der Duft der Freiheit.

In der *Ashtavakra Gita* heißt es: »Das Universum, dessen Phänomene in mir entstanden, wird von mir durchdrungen. Es ist von mir die Welt geboren, ihr Dasein ist in mir, in mir löst sie sich auf.«[*]

Wenn ich sterbe, löst sich diese einzigartige Empfindung, Wahrnehmung, Erfahrung auf, und damit verschwindet auch die Welt. Da wir im Tiefschlaf weder den Körper noch die eigene Person, noch die ganze Welt wahrnehmen, existiert sie nicht. Sie existiert nur im Tagesbewusstsein – und trotzdem gibt es die Welt als SEINE Schöpfung.

Nisargadatta Maharaj sagt: »Du stellst ohne den Hauch eines Zweifels fest, dass die Welt in dir selbst ist, nicht du in der Welt.«[**]

Da wird wirklich die Welt auf den Kopf gestellt.

---

[*] ebenda
[**] Sri Nisargadatta Maharaj, *Ich bin*, Bd. 1, Bielefeld: Kamphausen Verlag, 1999

Von unserem Quartier aus konnten wir zu Fuß zum Asklepieion gehen. Das hatte – neben dem guten Kaffee unterwegs – den Vorteil, dass wir den alten Prozessionsweg nehmen konnten, an dem man mit dem Auto oder dem Bus nur vorbeifährt. Er ist gesäumt von Zypressen, dem heiligen Baum des heilenden Apollo.

Es regnete leicht. Uns störte das nicht. Dafür waren wir fast alleine.

Im Durchgang zur Kasse mussten wir schmunzeln – wir erinnerten uns an unseren ersten Tag hier bei strahlendem Sonnenschein, als wir überwältigt wurden von Oleander und Hibiskus, dem Duft von Jasminsbüschen und hängenden Rosen in feinsten Schattierungen und Annette angesichts dieses üppigen Gartens auf dem Weg zum Kassenhäuschen nur meinte, wenn die Menschen ihre Lebenskraft mehr in die Anlage solcher Gärten gäben (was hieß: statt soviel Unsinn zu treiben), sähe die Welt wohl anders aus.

Wir betraten das Heiligtum nun zum dritten Mal, diesmal unter einem Regenschirm. Vor uns die drei imposanten Terrassen, die den Ablauf des Heilrituals symbolisierten, in der Mitte die breite Freitreppe als Hinweis auf den langen Weg des Menschen zum Heilwerden.

Ganz oben setzten wir uns auf einen Stein der zerfallenen Marienkirche, die einst auf der Tempelbasis von Asklepios und Hygieia stand, und schauten in die weite Landschaft aus Kiefern, Olivenbäumen, Agaven, Ginster und dem Meer.

»Über die Lüfte, die Wasser, die Orte«, hieß ein Text vom alten Meister der Heilkunde. Sie wussten hier viel über die Energiefel-

der des Menschen und unsere Verbundenheit mit dem gesamten Kosmos. Und jetzt kommen die modernen Wissenschaftler und beweisen genau das, was die Alten und Weisen schon lange wussten.

Ich beobachtete eine Riesenameise, die eine Kiefernnadel über die Steinchen schleppte.

Warum wir uns wohl so schwer tun, dieses Wissen wirklich mit uns selbst in Verbindung zu bringen? Das Leben wäre doch viel leichter.

$\mathcal{E}$s gibt einen Zusammenhang zwischen dem Wirklichkeitsverständnis der Naturwissenschaften und unserem Selbstverständnis als Mensch. Vielleicht ist es hilfreich, wenn wir einmal ein paar Stationen anschauen, wie sich aus der Sicht der Naturwissenschaft das Weltbild verändert hat und wo unser Selbstbild stecken geblieben ist.

Ein großer Teil unseres Alltagsbewusstseins, unserer Selbstdefinition beruht noch auf dem Newtonschen Prinzip, darauf, wie Newton das Universum betrachtet hat. Raum und Zeit waren in seinem Verständnis absolute, messbare Größen. Wir haben eine Uhr und sagen, jetzt ist eine Stunde um. Der ganze Alltag wird anhand dieser Zeitmessung aufgebaut. Letztlich bauen wir unser ganzes Leben nach diesem linearen Zeitverständnis auf. Damals, Ende des 17. Jahrhunderts, ging man davon aus, dass das Universum sich aus festen Bestandteilen zusammensetzt, die gleichsam wie eine Maschine funktionieren. Man nahm an, dass die Materie aus Grundbausteinen besteht, die man dann im 19. Jahrhundert – auf Demokrit zurückgreifend – Atome nannte.

Atommodelle jener Zeit gingen von festen Objekten aus, die ähnlich wie die Planeten in unserem Sonnensystem angeordnet waren. So habe ich noch in der Schule gelernt, dass sich Elektronen um einen Atomkern aus Protonen und Neutronen bewegen wie die Planeten um die Sonne. Wir lernten diese Theorie noch, obwohl sie schon längst überholt war.

Im Laufe der letzten hundert Jahre mussten diese Modelle ständig revidiert werden. Aber wenn wir heute jemanden auf der Straße fragen würden, wie unser Universum aufgebaut ist, würde der Befragte mit großer Wahrscheinlichkeit auf dieses

Modell der Atome und festen Teilchen zurückgreifen. Man würde vermutlich noch dieses Bild von Isaak Newton kennen, nach dem der menschliche Körper analog zu diesem naturwissenschaftlichen Weltbild verstanden wird. Und so arbeitet ja auch noch heute die Schulmedizin.

Das heißt, unser Allgemeinverständnis der Welt, das den größten Teil unserer Erfahrungen im Alltag prägt, beruht auf der Vorstellung eines dreidimensionalen Raumes und einer linearen Zeit – ein Weltbild des 17. Jahrhunderts. Man kann gar nicht genug verdeutlichen, was das bedeutet.

Auf diesem Weltbild beruhen die meisten unserer Systeme, Institutionen, wie Dinge geregelt werden, wie Entscheidungen getroffen werden und so weiter. Mit Beginn des 19. Jahrhunderts entdeckte und erforschte man elektromagnetische Phänomene, die man mit der Newtonschen Physik nicht mehr erklären konnte – so entstand das Konzept des Feldes. Feld wurde damals als ein Zustand des Raumes verstanden, der das Potential hat, Kraft zu erzeugen. Damit entwickelte sich ein naturwissenschaftliches Weltbild, demzufolge das Universum aus Feldern besteht – also nicht mehr nur Objekten. Diese Objekte interagieren über Felder miteinander. Das können wir noch nachvollziehen, dieses Selbstverständnis kennen wir auch – man denkt an jemanden, und im gleichen Moment klingelt das Telefon und diese Person ist dran. Das ist mit dem Weltbild von Newton nicht erklärbar. Solche Phänomene können wir eigentlich nur mit feldtheoretischen Ansätzen verstehen.

Einstein bringt nun mit seiner 1905 publizierten Relativitätstheorie das naturwissenschaftliche Verständnis Newtons endgültig zum Einsturz. Der Raum ist nicht dreidimensional und Zeit keine eigenständige, lineare Größe, sondern Raum und Zeit bilden ein vierdimensionales Raum-Zeit-Kontinuum.

Einstein hat gezeigt, dass verschiedene Beobachter, die ein und dasselbe Ereignis betrachten, dieses verschieden einordnen, wenn sie sich zu dem beobachteten Ereignis mit unterschiedlicher Geschwindigkeit bewegen. Zum Beispiel können zwei Beobachter, die sich selbst sehr schnell bewegen, zu ganz unterschiedlichen Aussagen über den Zeitpunkt eines Ereignisses kommen – der eine sagt, zuerst hat das Ereignis A stattgefunden und dann das Ereignis B, für den anderen Beobachter war das genau umgekehrt der Fall. Mit je höherer Geschwindigkeit man sich relaiv zu etwas bewegt, desto mehr staucht sich der sich nicht mitbewegende Raum und verlangsamt sich die Zeit, bis letztlich Raum und Zeit eine Nullgröße werden.

Doch all diese Erkenntnisse haben wir noch in keinster Weise in unser Selbstverständnis integriert; wir haben diese Aspekte von Raum und Zeit als relative Größen noch kaum im alltäglichen Bewusstsein. Ein Beispiel aus dem Bereich der Intuition kann vielleicht verdeutlichen, was eine solche Integration bedeuten könnte. Intuitionen können wir ja sehr unterschiedlich erleben, manchmal kommt eine wie ein Flash. Man hat ganz plötzlich das Gefühl, eine Person sei in Gefahr oder es sei ihr etwas ganz Spezielles, Großartiges gelungen. Wir Menschen haben ja solche Eingebungen, fast alle können von so etwas erzählen.

Und was machen wir dann, wenn diese Eingebung ganz stark ist? Wir versuchen, diese Person zu erreichen, und fragen, ob es ihr gut gehe oder etwas Besonderes geschehen sei. Sie antwortet, nein, nein, es sei alles ganz normal.

Es muss aber gar nicht sein, dass wir uns geirrt haben, denn so ein Flash kann vergangenheitsorientiert oder zukunftsorientiert sein oder schlicht als eine *Möglichkeit* im Feld schwingen. Es geht also darum, ein anderes Verständnis für solche Phänomene zu bekommen, sie vielleicht anders einzuordnen, nicht mehr zu sagen, da lag ich wohl völlig falsch.

Ein anderes gutes Beispiel dafür sind meines Erachtens die Vorstellungen und Konzepte von Reinkarnation. Wir denken da auch wieder linear, das vorherige Leben war dann vor 100 Jahren – oder wann auch immer.

Wenn jetzt aber Zeit als solche nicht linear existiert, sondern eher wie ein Fächer in Faltenwürfen, könnte es sein, dass all diese Leben gleichzeitig stattfinden. Das wäre eine Möglichkeit. Wenn wir diese Möglichkeit als Bild zulassen, dann erahnen wir zumindest, dass die Dinge nicht so sind, wie wir sie uns vorstellen.

Denken erfolgt ja stets von A nach B, im Denken ist immer ein Zeitfaktor, und es ist in der Schwingung relativ langsam. Ein Flash, eine Intuition, hat eine ganz andere Qualität, ist zeit- und ortsunabhängig.

Das Denken ist ein wunderbares Instrument, das wir zum Beispiel für das Alltägliche brauchen, aber es gibt noch andere Erkenntnismöglichkeiten, andere Möglichkeiten der Wahrnehmung der Wirklichkeit, die wir mehr und mehr integrieren müssen. Da müssen wir uns noch weit öffnen.

Um zur Physik zurückzukehren, so war ein weiterer Meilenstein die Erkenntnis, dass Masse nichts anderes als eine Form von Energie ist. In den 20er Jahren waren die Physiker dann mit den subatomaren Elementarteilchen beschäftigt, es wurden immer mehr subatomare Teilchen entdeckt. Und je mehr die Physiker um Klarheit rangen, desto größer wurde die Zahl der Paradoxe. Schließlich erkannten sie, dass diese Paradoxe zum inneren Wesen der subatomaren Welt, auf der unsere ganze physische Welt beruht, gehören. Die Physiker mussten damit umgehen, dass Licht Elementarteilchen und zur gleichen Zeit Welle ist.

Sie bezeichneten dieses Sowohl-als-Auch als Komplementaritäts-Prinzip; Gegensätze werden nicht mehr ausgeschlossen, sondern als sich ergänzende Aspekte gesehen.

In unserem alltäglichen Selbstverständnis sind wir auch davon noch weit entfernt.

Wir sind meistens noch sehr im Entweder-Oder. Entweder du bist links oder rechts, Frau oder Mann, es ist Tag oder Nacht, schwarz oder weiß. Es gibt gut oder böse – das ist das Prinzip, auf dem unser Selbstverständnis jahrhundertelang aufbaute.

Es gibt im Paradox noch eine tiefgründigere Dimension. Frau Tweedie hat oft gesagt, Wahrheit könne man nur im Paradox aussprechen. Das Nichts–Alles ist ein Paradox, weil gerade in diesem inneren Erleben, dass es nichts Getrenntes gibt, das All-Eins-Sein erfahren wird. Allerdings können wir mit der Sprache, die wir zur Verfügung haben, immer nur eine Seite und nie beide Seiten zusammen beschreiben. So können wir nur in Paradoxen sprechen, es gibt immer das Sowohl-als-Auch.

> Es gibt keine Materie an sich. Alle Materie entsteht und besteht nur durch eine Kraft, welche die Atomteilchen in Schwankung bringt und sie zum winzigsten Sonnensystem des Atoms zusammenhält. So müssen wir hinter dieser Kraft einen bewussten, intelligenten Geist annehmen. Dieser Geist ist der Urgrund aller Materie.
>
> *Max Planck*[*]

---

[*] zit. aus Ulrich Warnke, *Die geheime Macht der Psyche – Quantenphilosophie*, Saarbrücken: Popular Academic Verlags-Ges., 1999, S. 106, gekürzt

Max Planck untersuchte, wie Wärmeenergie abgegeben wird, und fand heraus, dass das nicht einfach kontinuierlich geschieht, sondern in Energiepaketen, die als »Quanten« bezeichnet werden. Elektromagnetische Strahlung wird also kontinuierlich und in beliebiger Menge in Form von Quanten abgegeben. Lichtquanten sind demnach masselose Elementarteilchen, keine isolierten Bausteine mehr. Alle Elementarteilchen können ineinander übergehen, Materie ist uneingeschränkt wandelbar. Alle Elementarteilchen entstehen aus Energie, verwandeln sich in Energieteilchen und lösen sich wieder in Energie auf. Wo und wie das geschieht, ist nicht vorhersehbar, aber *dass* es geschieht und zwar unaufhörlich, das ist gewiss.

> Die neuen Planeten, die neuen Sterne, die neuen Atome … Wenn Sie draußen gegen den Himmel schauen, sehen Sie tausend Funken. Das sind die Uratome und sie schießen in die Materie. Das sind die kreativen, schaffenden Uratome. Der Raum schafft immer. Sachen entstehen, ohne dass wir etwas dafür getan haben. Spontanes Entstehen aus sich selbst heraus.
>
> *Irina Tweedie*[*]

Das heißt, dass die Welt nur *scheinbar* Gegensätze in sich birgt. Wenn es keine isolierten Bausteine gibt, existieren du und ich als Objekte, als Körperformen, nicht isoliert. Das haben wir überhaupt noch nicht integriert in unser Selbstverständnis.

---

[*]   aus der Tonbandmitschrift eines Vortrags in Berlin 1986

Die ganzen Kriege, Streitigkeiten, Reichtum – Armut, Ausbeutung – das alles beruht auf der Annahme, dass wir getrennte Wesen seien. Eigentlich ist es verrückt, wir leben so, wie wir uns selbst definieren, in einem mittelalterlichen Zustand.

Darum ist die innere Selbsterkenntnis so wichtig. Es drängt sehr, dass der Mensch sich weiterentwickelt.

Unser Weltbild wird auf den Kopf gestellt, wenn ich den anderen als stehende Welle wahrnehme und mich aus der gleichen Bausubstanz weiß.

Die Physik konnte den Widerspruch zwischen Teilchen und Welle lösen, da es sich einerseits nicht um eine physische Welle, sondern um eine Wahrscheinlichkeitswelle handelt, und andererseits hatten sie so viele »Elementarteilchen« gefunden, dass die Bezeichnung »elementar« einfach nicht mehr zutreffend war. So stellen die Wellen nicht Wahrscheinlichkeiten von *Dingen* dar, sondern von *Zusammenhängen*, weil Dinge letztlich gar nicht existieren, sondern es existiert eher ein Weg, der zu einem Ereignis führt – das ist dann der Zusammenhang.

Es geht also nicht mehr um Elementarteilchen oder Dinge oder Wellen, sondern um Zusammenhänge, um Interaktion, um eine Dynamik, die dieser Welt zugrunde liegt. Es sind also wellenförmige Muster von Zusammenhängen, nicht wellenförmige Muster von einzelnen Personen, Menschen, Dingen.

Elementarteilchen, materielle Substanz, isolierte Objekte gibt es nicht – es gibt nur ein dynamisches Gewebe von Energiemustern, eine bruchlose Einheit, in die der Beobachter, die Beobachterin ständig mit einbezogen ist.

Und die Physiker haben herausgefunden, dass je nach Standpunkt des Beobachters das Resultat verschieden ausfällt. Ob Materie Welle oder Elementarteilchen ist, hängt mit dem

Beobachter zusammen. Da geht es um die Zusammenhänge, die ein Geschehnis bewirken, wahrscheinlich letztlich sogar Formen hervorbringen und auch wieder auflösen.

Übertragen wir das jetzt bewusstseinsmäßig, trifft es sehr genau eine Aussage unserer Tradition, dass jeder Bewusstseinsschritt, den ein Mensch macht, das Bewusstsein des Ganzen hebt.

Wenn ich einen Menschen mit dem Herzen betrachte, das heißt tiefer hineinschaue, dann sehe ich nicht einfach nur dieses Wesen, das da in dieser Form herumspaziert – das sehe ich in der relativen Ebene auch –, sondern dann sehe ich, wie dieses Licht, dieses Bewusstsein, diese Liebe, dieses schöpferische Prinzip leuchten. Ich sehe, wenn ich zum Beispiel eine Teetasse ergreife, dass es diesen Moment gibt, in dem der leere Raum diese Tasse vollkommen einhüllt. Es ist die Wahrnehmung, dass der Gegenstand in einem erweiterten Raum – im universellen Bewusstsein, in der Leere – enthalten ist. Wenn ich die Tasse selbst, mit der naturwissenschaftlichen Brille, genauer anschaue, dann erkenne ich, dass 99,999 % der Materie leer sind.

Nicht nur der Gegenstand ist also in der Leere, auch die Leere ist im Gegenstand. Immanent und transzendent.

Ein innerer Weg versucht, den Menschen zu schulen, dieses Newtonsche Selbstverständnis zu verlassen und sich weiterzuentwickeln, die Ein-Sicht dessen in sich zu entfalten, was wirklich ist.

Langsam gelangen die Naturwissenschaften in Bereiche, von denen die mystischen Wege schon immer erzählt haben. Innerhalb der Schulungswege, das darf man aber nicht vergessen, gab es oftmals in den Lehren und äußeren Strukturen auch ein Feststecken im Newtonschen Weltbild. Dort ist jetzt ebenfalls Zeit für eine Auflösung. Es ist wie eine Gegenbewegung auf mehreren Ebenen.

Frau Tweedie zitiert in ihrem Buch Bhai Sahib, der sagt, wir kreieren unsere Welt selbst. Das hat damit zu tun, dass die Beobachterin oder der Beobachter einen Einfluss auf das Ereignis hat. Durch die Gedankenkraft, die verbunden ist mit der Gefühlswelt, durch die schöpferische Energie, kreieren, manifestieren wir mit, was sich ereignet.

Ramana Maharshi sagt, dass aus dem Herz der Herzen, dieser Quelle des Lichts – dem reinen Bewusstsein –, das Licht an den Verstand abgegeben wird. Und wenn die Gedanken sich formen, dann wirkt diese Kraft durch das Denken und die Gefühle hindurch – das ist Lichtenergie. Und diese Lichtenergie ist schöpferisch tätig.

Darum bergen die Dinge, die wir denken, uns ersehnen, erhoffen, fürchten, gleichsam eine magnetische Kraft in sich, die dazu beiträgt, dass diese Dinge auch wirklich geschehen. Das heißt, wir haben die Möglichkeit, schöpferisch mit zu bewirken, was in unserer Welt erscheint. Das ist doch eine ungeheure Möglichkeit, die uns ganz in die Verantwortung als göttliche Wesen nimmt.

> Es ist die einzige Möglichkeit, die neue Zeit vorzubereiten, indem wir sie schon jetzt in uns vorbereiten.
> *Etty Hillesum**

---

* Etty Hillesum, *Das denkende Herz*, Reinbeck: Rowohlt Verlag, 1992

Vielleicht können wir das noch leichter verstehen, wenn wir in der Entwicklung weitergehen und dem Hologramm begegnen. Im Hologramm enthält jedes Teil das Ganze, und aus einem Teil kann wiederum das Ganze rekonstruiert werden.

Wenn wir uns als Teile eines Ganzen wahrnehmen, dann muss gemäß dem holografischen Prinzip letztlich auch die ganze Menschheit in uns enthalten sein. Das heißt, alle Erfahrungen, alles Wissen müssen uns zugänglich sein. Und das ist auch so. Es gibt im Menschen eine Art Informationsfeld, das nicht über das Gehirn funktioniert, das immanent zugänglich ist, wenn der Verstand, die Erinnerung, die Gefühle still werden, oder sagen wir: nicht mehr das Feld »stören«. Wenn diese »Wolken« vom blauen Himmel weggeschoben sind, wenn das Meer still ist, dann sind uns diese Informationen – nicht zu jeder Zeit, aber dann, wenn es nötig ist – zugänglich. Das kenne ich aus vielen Erfahrungen her, und ich denke, ganz viele andere Menschen haben auch solche Erfahrungen gemacht. Zur richtigen Zeit, am richtigen Ort, mit den richtigen Menschen weiß man genau, was zu tun ist. Das hat etwas mit dem Verankertsein in diesem universellen Bewusstsein, in diesem einen Organismus, der unmanifestiert in uns schwingt, zu tun. Eine Widerspiegelung dessen erleben wir in Erfahrungen der Synchronizität.

Unsere Informationen aus der Erinnerung zu beziehen hat einen ganz anderen Charakter. Wenn ich versuche, das in einem Bild auszudrücken, dann ist das Wissen aus der Erinnerung ein bisschen spröde und trocken im Vergleich zum inneren Wissen, das wie frisches Gemüse ist, das gerade auf den Markt kommt. Und es bedarf lediglich eines wachen Daseins, dann ist der Zugang zu den Informationen, die zum Jetzt in Resonanz stehen, vorhanden.

Und das ist genau das, was die Naturwissenschaft herausgefunden hat, wenn sie sagt, jede Beobachtung verändert das beobachtete Muster. Übertragen auf uns bedeutet das: Jeder Bewusstseinsschritt verändert den Inhalt des Ganzen. Und deshalb sind das Eine und Ganze und Ganze und Eine untrennbar *ein* Organismus.

Hier wird sehr deutlich, dass wir mit der gängigen, linearen Sprache kaum mehr zurechtkommen. Das Teil und das Ganze und das Ganze als Teil sind in der Essenz nicht verschieden – und doch verschieden.

An dem Punkt sind natürlich auch die Physiker an Grenzen gestoßen und kamen dann zu dem Schluss, dass tatsächlich alles miteinander verbunden sein muss. Man fand, dass subatomare Teilchen auf eine Art und Weise miteinander verbunden sind, die Raum und Zeit transzendiert, so dass alles, was auf *ein* Elementarteilchen wirkt, auch auf alle anderen wirkt. Diese Wirkung erfolgt unmittelbar.

Die Zeit – wenn wir da überhaupt noch von Zeit sprechen können – ist eine supraluminare, das heißt, sie ist schneller als Lichtgeschwindigkeit. Im Prinzip geht es darum, dass alles auf alles orts-unabhängig, zeit-unabhängig wirkt, dass alles miteinander verbunden ist.

Rupert Sheldrake spricht in diesem Zusammenhang von morphogenetischen Feldern. Er stellt die These auf, dass alle im schöpferischen Universum vorgefundenen Systeme nicht nur durch die bekannten Formen energetischer und materieller Faktoren reguliert werden, sondern auch durch unsichtbar organisierende, morphogenetische Felder. Man spricht in diesem Zusammenhang von einer unsichtbaren Matrix.

Wenn wir das einmal mehr auf unsere innere Erfahrung übertragen wollen, können wir sagen, mit der Erfahrung ICH BIN bin ich nicht Annette, ein Teil, sondern das dynamische Ganze. In diesem morphogenetische Feld, in dem wir uns als *ein* Organismus verstehen und in dem das Geschehen direkt stattfindet, wirkt alles auf alles.

»Ich« ist das am häufigsten gebrauchte Wort; alle Menschen sagen »ich«, und sie meinen das natürlich immer im Newtonschen Verständnis – die Annette, die Anna. Wenn sich jetzt aber diese neue wissenschaftliche Weltsicht tatsächlich durchsetzen kann, dann meint dieses »Ich« letztlich den Urgrund.

Und das ist die Ebene, von der die Mystiker sprechen, auf der Ramana Maharshi vom ICH BIN spricht. Interessant ist ja, wenn man einen Menschen ruft, und der fragt dann: »Meinst du mich?« und dazu eine Handbewegung macht, dann zeigt er auf die rechte Seite seiner Brust – dorthin, wo das Herz der Herzen »liegt«. Er zeigt nicht zum Hirn. Es ist wie ein ganz tiefes, spontanes Wissen. Wobei ich noch einmal betonen will, der Ort des Herz des Herzens ist existent und gleichzeitig nicht existent. Wenn wir ihn suchen, finden wir ihn nicht. Es ist alles und nichts, außen und innen, innen und außen.

Es wäre ein enorm großer Sprung, wenn wir »ich« sagen und nicht mehr das kleine, begrenzte, verlorene Objekt meinen, sondern das Verbindende und Verbundene zwischen allem. Wenn wir uns plötzlich erfahren als dieses All-Eine, als dieses ICH BIN, das den Geschmack von *Sat-Chit-Ananda* hat, wenn die Persona mit ihren Ängsten und Nöten wegfällt. ICH BIN hat wirklich den Geschmack, die Qualität von *Sat* – Existenz, Leben, *Chit* – Bewusstsein, *Ananda* – Glückseligkeit, Liebe. Es ist eigentlich Liebe. Das ist die Qualität. Aber dieses ICH BIN verschwindet im Herz der Herzen. Wenn ich dieses ICH BIN wirklich in mir suche, mich frage: »Wer bin ich?«, dann gibt es keine Antwort darauf. Es gibt nichts darauf zu sagen, weil wir es letztlich *sind*. Wir können immer nur erkennen, was wir nicht sind, oder eine Sprache dafür finden, was wir nicht sind. Was wir wirklich sind, darüber können wir nicht reden, weil Sprache auf dem Polaritätsprinzip aufgebaut ist.

Wenn das ICH BIN zur Urquelle zurückkehrt, gibt es keine Glückseligkeit, keine Liebe, man weiß nicht, was Bewusstsein ist, was Leben wirklich ist, man weiß gar nichts! Und dort nimmt man dann stotternd die Worte »Nichts-Alles«, »Urquelle«, »keine Eigenschaften« in den Mund – oder aus den Naturwissenschaften den Begriff »Nullfeld«.

Wir müssen also gar nicht so viel im Außen machen. Indem wir von einem gewissen inneren Entwicklungszustand aus mehr und mehr dieses Eins-Sein als All-Tagserfahrung in uns schwingen sehen, brauchen wir nicht mehr bewerten, sondern nehmen einfach wahr, was ist. Wir sind in diesem ICH BIN verankert. Und das bewirkt. Das ist unser Beitrag in der heutigen Zeit.

Die Aufgabe von Menschen, die nicht mehr so sehr mit sich selbst verwickelt sind, die gelöst sind von einer Ich-Identifikation, liegt also darin, einfach in diesem ICH BIN zu bleiben. Das ist genau das, was Frau Tweedie meinte mit: Wir verändern die Welt über das Sein. Sein ist ICH BIN. Wenn wir werten und urteilen ist das so, als schöben wir etwas zu, so dass das unmittelbare, energetische Feld von ICH BIN nicht mehr frei schwingen kann. Und dann sind wir wieder in diesen Konflikten der Dualität, des Entweder-Oder, in diesen Gegensätzen gefangen. So perpetuiert sich das alte Weltbild. Letztlich geht es um die Liebe. Es geht um die Liebe zu dem, was ist. Das akzeptieren, das annehmen, was ist. Und gleichzeitig entsteht im Annehmen ein höchst dynamischer Raum.

Nach so viel Naturwissenschaften brauchten wir die Dynamik auch im Außen. Hungrig und durstig machten wir uns in unserem kleinen grünen Flitzer auf den Weg in die Altstadt von Kos.

Abseits der drei touristischen Hauptstraßen hat Kos-Stadt wirklich Charme. Wir kannten uns jetzt bereits ein bisschen aus, streiften durch die kleinen Gassen und aßen einen köstlichen Schafskäsesalat neben einem Park voller Ruinen.

Nachdem wir nun schon fast zwei Wochen unterwegs waren, sprachen wir das erste Mal darüber, wie es uns reisend miteinander erging. Bei der Reise nach Samos für unser erstes Buch waren wir zusammen mit unseren jeweiligen Partnern gewesen, das war eine andere Situation, da hatten wir uns fast nur zu den gemeinsamen Arbeitssitzungen getroffen. Diesmal waren nur wir beide unterwegs.

Es ist gut zu reisen im Gewahrsein.

Jede von uns ruhte einfach in sich, eingeschwungen in ein Sein, das aus sich selbst gestaltet, aus dem sich die Dinge in überraschender Form ergeben. So mussten wir oft gar nicht viel darüber reden, was anstand. Ausgesetzt dem Moment, lebten wir in einem offenen Raum, was nicht heißt, dass wir uns nicht auch abgesprochen hätten. Oder dass es keine müden Momente gegeben habe. Offener Raum ist offen für alles. Er ist nicht ideal, nur einfach offen und unpersönlich. Man lässt sich sein. In Liebe.

Es ergab sich ein Rhythmus aus Nähe und Distanz, fließend wie die Brandung. So freuen sich die Menschen aneinander.

Wir bummelten unter den Palmen und Agaven der Hafenpro-

menade und Annette musste plötzlich so lachen über den göttlichen Einfallsreichtum an Formen; in diesem Fall in teilweise wirklich skurrilen touristischen Gestalten. Jede war schön in sich, mochte sie auch noch so unförmig, verbogen oder ungeduldig mit ihrem nörgelnden Kind sein. Wie ES sich in all diesen Eigenheiten zeigen will ...

Wir setzten uns auf eine schattige Bank neben einem tiefroten Hibiskus und betrachteten andächtig den Reichtum einer unendlichen Schöpferkraft.
    Es sang.

*U*m uns der Dynamik der Fülle wirklich überlassen zu können, gibt es einerseits nichts zu tun. Auf der anderen Seite existieren wir in der relativen Welt. Wir leben multidimensional. Man kann das zum Beispiel anhand unserer Biographie sehen. Sie beginnt mit der Geburt, und dann kommen die Schulen, Ausbildungen, Hochzeiten, Kinder, Berufstätigkeiten und so weiter. Das ist die eine Seite der Betrachtungsweise dessen, wie sich Liebe ausdrückt. Die andere ist die nichtduale Betrachtungsweise. Nisargadatta Maharaj hat immer wieder die Menschen, die zu ihm kamen, gefragt: »Wer bist du?«, »Wo warst du, bevor du geboren wurdest?«, »Wurdest du denn gefragt, ob du in dieses Leben, in diese Welt hineingeboren werden wolltest – wie geschah das überhaupt? Frage mal deine Eltern. Wie entstand überhaupt die Zeugung? War das so ein bewusster Akt?«

Manchmal geschieht heute der Zeugungsakt sehr bewusst, sicher wusste man auch in früheren Zeiten, dass jetzt ein Kind gezeugt wird. Aber wie kam es dazu, dass dieser Wunsch sich genau zu diesem Zeitpunkt umsetzte? Wenn ich bei mir persönlich nachschaue, dann kann ich das nicht sagen. Warum kommt dieser Impuls, warum entsteht dieser Drang in mir? Ist der Zeitpunkt so bewusst festgelegt? Sicherlich nicht. Und ob es dann auch tatsächlich geschieht, dass das Spermium die Eizelle trifft, das ist noch eine andere Frage. Man muss sich das einmal bildlich vorstellen, aus dieser winzigsten Begegnung des männlichen Teilchens mit dem weiblichen Teilchen entwickelt sich dann eine Biographie, ein Lebensweg, ein erwachsener Mensch, der eines Tages als Form auch wieder vergeht.

Wenn wir das genau anschauen, sehen wir, dass eine Zeugung meist nicht bewusst geschieht. Und es ist auch nicht so, dass ich sagen könnte, ich wurde gefragt. Natürlich gibt es Theorien, die davon ausgehen, dass die Seele sich die kommenden Eltern aussucht. Kann sein, kann nicht sein. Wirklich wissen wir es nicht.

Ich wurde also in einen gewissen Kontext hineingeboren, den ich nicht auswählen konnte. Ich habe Vater und Mutter in einer bestimmten Konstellation, dazu kommen die sozialen und kulturellen Prägungen der Gesellschaft, die spezielle Familienprägung und bestimmte Anlagen, die ich durch das Erbgut mitbringe – letztlich ist auch das immer noch ein Geheimnis. Daraus bildet sich eine Struktur, eine Alchemie. Das Wesen wächst heran und reagiert auf die Außenwelt diesen verschiedenen Prägungen entsprechend. Es entwickelt Neigungen, Abneigungen, Vorlieben; Talente entfalten sich, andere werden vielleicht verschüttet. Und am Ende kehrt man zum Staub zurück. Mit der inneren Erfahrung des Nichts-Alles ist dieses Geborenwerden und Sterben ein Tanz; ist Leben, das sich in einer Form abspielt und beim Tod wieder austritt, zurückkehrt in den Ursprung. In der inneren Erfahrung ist es nichts, nichts, nichts. Etwas wurde nie geboren und wird nie sterben.

Auf dieser Betrachtungsebene gibt es keine Biographie, nur in der relativen Ebene erzählen wir von unserem Leben. Der wichtigste Aspekt dabei ist, den Kern des Nichtwissens, das, was wir wirklich sind, anzunehmen. In der Tiefe zu erfahren, dass dieser lebendige Organismus nichts und zugleich alles ist; dass aus diesem Lebenstanz weder Schuld noch Sünde erwachsen können, weil niemand da ist in diesem Tanz. »Sünde« heißt übersetzt »nicht auf dem Punkt sein«. Im Gewahrsein, im Jetzt, ist der Mensch auf dem Punkt. Im puren Gewahrsein gibt es niemanden, der da ist, gibt es weder Zeit noch Raum, und alles entsteht aus einem natürlichen, spontanen Sein heraus und ist in sich GUT. In-sich-GUT ist jenseits der Polarität von gut und böse. In diesem Verständnis ist jeder Ausdruck dieses Lebenstanzes in sich GUT und trägt einzigartig zum ganzen Universum bei, jeder Einzelne als Note der göttlichen Sinfonie.

Wenn wir etwas tiefer in die relative Ebene hineinsinken, dann konstelliert sich der Mensch aus Charakterzügen, Neigungen und so weiter, er hat eine einzigartige Alchemie. Am »Ende« der inneren Reise ist es nicht so, dass diese Charaktereigenschaften einfach nicht mehr vorhanden sind. Die Koordinaten bleiben.

Es gibt eine Dynamik, in der sich Dinge verändern, und es gibt eben auch relative Konstanten. Ich als Frau bleibe eine Frau, in der Tendenz bin ich eher im Lehrerberuf tätig, das hat mit meiner Alchemie zu tun. Das wird sich vielleicht im Ausdruck verschieben, aber diese spezifische Alchemie wird bleiben. Ich habe gerne Wärme, andere Menschen fühlen sich eher zum Norden hingezogen. Diese Dinge bleiben und das ist okay.

Im relativen Bereich geht es darum, zu dieser einzigartigen Alchemie ganz Ja zu sagen. Dieses Einzigartige ist nicht getrennt, es ist nicht-zwei, es ist in sich auch wiederum Schöpfung, weil es ja letztlich gar keine Person gibt. Es ist Ausdruck des Göttlichen, der in sich selbst göttlich ist. Ein völlig unpersönliches Geschehen.

Der Mensch hat auf der relativen Ebene durchaus eine gewisse Verantwortung, auch wenn das jetzt paradox klingt. Auf der absoluten Ebene gibt es keine Moral, weil ES sich manifestiert als »ES tanzt ES und kehrt ins ES« zurück. Da ist nichts darin enthalten, was auf der Ebene von Verantwortung, Moral und so weiter überhaupt angebracht wäre, in Sprache zu fassen.

Doch auf der relativen Ebene, der anderen Koordinate, da gibt es eine gewisse Verantwortung, die aber nicht in einem alten Verständnis moralisch zu verstehen ist, sondern die sich aus der Erfahrung des ALLES ergibt. Das hat auch etwas mit der weiblichen Seite des Lebens zu tun. Die weibliche Seite des Lebens kümmert sich um das Leben, um Form, hat eine gewahre Achtsamkeit für das, was Manifestation ist, für das, was wir als die Welt bezeichnen, die wir mit unseren Sinnen wahrnehmen können.

> Was immer ich tue, die Verantwortung liegt bei mir,
> doch so wie jemand, der einen Obstgarten anpflanzt,
> wird die Frucht dessen, was ich tue, für andere sein.
>
> Ich bringe die Handlungen dieses Lebens Gott im Innern dar,
> und wohin immer ich gehe –
> gesegnet ist der Weg.
>
> *Lalla*[*]

Man kann sagen, dass das NICHTS auf eine Weise – ich wage es kaum zu sagen, weil es auch nicht ganz stimmt – mehr den männlichen Aspekt zum Ausdruck bringt und das ALLES in der Urerfahrung mehr die weibliche Seite. Nisargadatta Maharaj hat gesagt: »Weisheit sagt, ich bin nichts. Liebe sagt, ich bin alles. Zwischen diesen beiden fließt mein Leben.«[**] Und genau das möchte ich ausdrücken. In der Essenz geschieht nichts; aus

---

[*] Lalla, a. a. O., S. 48
[**] Nisargdatta Maharaj, *Die Lehre der Einfachheit in Theorie und Praxis*, Handexemplar

dem Aspekt der Liebe gesehen, finde ich mich in allem wieder. Und dort gibt es eine gewisse Art der Verantwortung. Es ist wichtig, dass diese beiden Achsen zusammenkommen. Der Mensch ist kein eindimensionales Wesen, es gibt nicht nur die beiden Ebenen, von denen wir gesprochen haben, die absolute und die relative Ebene. Wir erfahren uns durch einen Körper, wir erfahren uns durch eine Psyche, die über Emotionen, Interaktionen erlebt wird. Die Psyche ist auch eines der Energiefelder, das in uns schwingt.

Dann erfährt sich der Mensch auch durch seinen Geist. Mit Geist meine ich den Verstand, die Vernunft, den Intellekt, die Erinnerung, den *mind*. Eine weitere Ebene des Daseins ist die seelische Ebene, etwas tief Inneres, das gleichsam das einzigartige Formlose in sich birgt. Und dann gibt es die innerste Erkenntnis des *Sat-Chit-Ananda*, Klang-Licht-Liebe, das im Urgrund des Nichts-Alles als nichtduale »Ebene« wurzelt. In ihr ist kein Eintreten, kein Verlassen, kein Objekt, kein Subjekt.

All diese verschiedenen Ebenen wirken im Menschen, und es geht darum, *alle* Ebenen als gegeben wahrzunehmen.

Wenn die innere Erfahrung nun sagt, Körper ist in Essenz nichts und alles, Psyche ist nichts und alles, Seele ist nichts und alles, *mind* ist nichts und alles – wie kann ich dann einen Teil davon als schlechter oder höher bewerten als den anderen? Natürlich kommt und geht der Körper, aber er ist in sich genauso heilig wie der Intellekt und wie der seelische Aspekt.

Dieses Verständnis, dass alles heilig ist, ist in der heutigen Zeit enorm wichtig. Vielleicht sind das große Worte, aber ich meine es im all-täglichen Sinn. Das Wort All-Tag enthält genau diese beiden Aspekte, es ist wie ein Kreuz mit dem »Täglich« als Vertikale und dem »All« als Horizontale. Im Gewahrsein, in einer nichtdualen Lebensweise sind wir in der Quinta-Essentia, im Schnittpunkt dieser beiden Achsen, *und* sind uns dieser beiden Achsen bewusst. Der punktlose Punkt enthält beides, alles und nichts.

Wenn wir dem Leben wirklich zuhören, verweist es auf dieses EINE, und der Moment ist absolut erfüllend. Die ganze Schöpfung verweist auf den Schöpfer – Welle ist Ozean, und darin hat einfach alles Platz. Die Lebensweise verändert sich dadurch. Nichts ist mehr ausgeklammert. Es geht darum, das Leben, das Sein zu genießen.

Und das ist ein neuer Aspekt der heutigen Zeit. So viele Menschen kämpfen und ringen mit sich, erinnern sich vielleicht noch alter asketischer Übungen, die sicher auch ihren Platz haben, das ist gar keine Frage, aber in diesem Verständnis von Nichts-Alles genießen wir die Fülle des Lebens, das Sein. Und das enthält – in der alten Sprache – Weltliches und Göttliches, Heiliges und Unheiliges. Es ist die Fülle des Lebens, die wir in all ihren Farben und Aspekten leben dürfen, genießen dürfen. Das Sein genießen – was für ein Ausdruck. ES freut sich in dem, wie sich mein Leben gestaltet, denn ES drückt sich darin aus.

Während meiner Tätigkeit in der Entwicklungszusammenarbeit war ich vor vielen, vielen Jahren einmal im Dschungel Brasiliens bei den Ureinwohnern, und als Erstes begegnete ich dort einem Häuptling, Italiano hieß er, weil bei seiner Geburt zufällig ein Italiener auf dem Fluss vorbeigekommen war. Er war ein älterer Mann, ein Schamane, hatte graue Haare und eine wunderbare, olivfarbene Haut. Und als ich dort ankam, habe ich nur geweint. Stunden musste ich weinen, weil etwas in mir sich erinnerte.

Wir wurden in ein ganz einfaches Hüttchen einquartiert,

und nebenan machte Italiano die ganze Nacht über eine Heilzeremonie, das heißt, er hat nur gesungen. Sein Heilen wirkte über das Singen. Am anderen Tag wurden wir eingeladen, ein selbstgebrautes, traditionelles Getränk zu trinken. Dazu gingen wir in den großen Gemeinschaftsraum, und das Getränk befand sich – die Zivilisation hatte schon leicht eingegriffen – in einem hässlichen, orangenen Plastikpott. »Mein Gott, wo sind wir hier gelandet«, dachte ich. Und dann sah ich einfach zu, wie er das Getränk in diesem orangenen Plastikkrug umrührte, um es anschließend einzugießen. Das war wie eine Teezeremonie, wie ein stilles, freudiges Feiern. Weder die Werkzeuge noch das Gefäß waren schön, aber *wie* er das machte, das hinterließ einen ganz tiefen, prägenden Eindruck in mir.

Auch wenn der Krug hässlich ist – es gibt eine Schönheit, ein Feiern darin, eine heilige Natürlichkeit, eine Spontaneität, die wir mit jedem Atemzug, mit jeder Handbewegung, mit jedem Wimpernschlag leben können. Es ist ein freies Fließen aus sich selbst heraus, in sich selbst. Es ist Begegnung, innigste Umarmung, ein Liebesakt, der sich ständig vollzieht.

Und es geht heute darum, das zu leben, wo immer wir gerade sind, was immer wir gerade tun, denn es ist unser natürliches Dasein.

*K*os hat eine heiße Quelle, die am Fuß eines Berges direkt aus dem Felsen ins Meer fließt. Im Mündungsbereich sind Felsbrocken zu einem kleinen Bassin geschichtet, um das warme Wasser etwas aufzufangen.

Köstlich, direkt an der Quelle, wenn die vielfarbenen Kiesel heiß im Rhythmus der Brandung über die Haut streifen. Im tieferen Wasser ist es dann weniger warm, da hält man es länger aus. Wie die Frösche in unserem Chiemgauer Teich hingen wir im Wasser, alle Viere in entspannter Wasserruhe schwebend, nur Augen, Nase und Mund noch über der Oberfläche …

Wenn es mir zu heiß wurde, kletterte ich über die Steine und schwamm weit hinaus. Genug abgekühlt, sprang ich wieder zurück. Annette hatte, was das Aushalten der Wärme anging, eine größere Kapazität.

Es gab keine Trennung von Arbeit und Erholung – wie sollte das eine vom anderen getrennt sein? Die Zeiten für die Tonbandaufnahmen hatten wir auf den Vormittag gelegt – und waren sehr entspannt dabei. In Präsenz. Wenn wir nicht gerade Aufnahmen machten, war es wie ein Spiel. In Präsenz.

Wir saßen also im heißen Quellwasser und sprachen über den Aufbau unseres Buches. Vielleicht wäre es eine gute Idee, auch von dem zu erzählen, was wir hier erlebten?

Dass es erfahrbar wird, sich vermischen kann, so wie hier das heiße Quellwasser und das Kühle, Salzige des Meeres. Eine offene, natürliche Form, wie dieses Becken hier, in das man überall ein- und aussteigen kann, verweilen kann. Wie spiegeln sich die Inhalte in der Form? Wir hatten Lust zu experimentieren.

Und übergaben uns wieder den Kräften des Wassers.

*I*n einem Gleichgewicht sein heißt alles in die Liebe einbeziehen. Es geht darum, in allen Bereichen, das heißt auf der Ebene des Körpers, der Psyche, des Verstandes, der Seele und des großen GEISTES*, in ein Gleichgewicht zu kommen, und das ist ein dynamischer Prozess. Es ist nicht so, dass man einmal im Gleichgewicht und dann damit fertig ist, es ist ein ständiges Spielen, um ins Gleichgewicht zu kommen, um im Gleichgewicht zu sein.

Und das heißt, dass es auch kein Bild davon gibt, wie ein gemittetes Leben sein »soll«, sondern dass die Mitte sich durch Bewegung ständig selber einpendelt. Feste Vorstellungen, wie die Dinge sein sollten, verhindern das freie Spiel, um in die Mitte zu kommen. Ein Mensch mit Offenheit für das freie Spiel übernimmt ganz bewusst Verantwortung. Vorstellungen kürzen Verantwortungen ab. Im lebendigen Spiel, im Gewahrsein muss ich jedes Mal neu entscheiden, aber wenn ich eine Vorstellung habe, dann entscheide ich pauschal, was ich mache oder was ich nicht mache.

Im Jetzt fällt mir jedes Mal eine neue Entscheidung für diesen einen Moment zu, nicht, weil ich gestern etwas entschieden habe oder etwas in die Zukunft projiziere. Das heißt, es braucht ein sehr waches Dasein, um immer wieder zur richtigen Zeit, im richtigen Moment, mit dem richtigen Menschen die richtige Handlung aus sich heraus entstehen zu lassen. Das ist sehr dynamisch, das setzt Verantwortung in einem ganz reifen Sinne voraus, weil man ganz auf sich selbst zurückgewor-

---

* Ken Wilber nennt den ultimativen GEIST die immer-gegenwärtige Wirklichkeit des Einen Geschmacks.

fen ist. Es gibt keine äußeren Maßstäbe mehr, die einem sagen, wie man es machen muss. So ergibt sich ein tiefes, unmittelbares Dasein. Und das ist alles andere als anstrengend. Wenn ich von Verantwortung spreche, dann heißt das, nicht gebunden an Ideologien, Glaubensvorstellungen oder Ähnlichem zu handeln, sondern auf das bezogen zu sein, was sich jetzt, im gesamten Spiel-Raum, zeigt. Und das ist leicht. Nur Gebundenes ist schwer. Wenn wir eine dieser Ebenen in unserer Entwicklung vernachlässigen, wird das früher oder später irgendetwas in der eigenen Entfaltung behindern. Diese Dimensionen, die wir alle *sind*, spielen miteinander, sie sind in einem ständigen dynamischen Austausch, eine wirkt auf die andere.

Jack Kornfield erzählt in seinem Buch *Das Tor des Erwachens* von einem Mönch, der mehr als ein Jahrzehnt lang in Thailand intensivst meditierte und zu einem sehr weiten Selbstverständnis gekommen war. Sein Geist war ruhig, und er beherrschte viele Kräfte. Als er nach Amerika zurückkehrte und seine Eltern wieder traf, machte dieser Mönch die Erfahrung, dass er seine emotionalen Aspekte in der Zeit seiner Klausur überhaupt nicht integriert hatte. Er hatte seine Lebensenergie einseitig eingesetzt und musste nun diesen anderen Teil – wir würden ihn wohl den psychischen Teil nennen – gleichsam nacharbeiten.

Das betrifft den relativen Bereich, der prozesshaft ist.

Wenn wir auf den Körper schauen, dann geht es schlicht und einfach darum, diesen Körper in Liebe zu betrachten und zu achten. In jeder Form, neu geboren oder alt, die Schönheit, die Kraft und das Licht zu entdecken. Alle Menschen sind ja *enchanted**, das ist ein schönes Wort. Man ist *enchanted*, wenn man ein Neugeborenes sieht, es kommt aus dem Mutterschoß und ist vollkommen. Es hat Fingernägel, winzig klein, es hat

---

* dt. *bezaubernd* oder *bezaubert*.

Füßchen, es hat Ohrläppchen, es hat einen Mund, es hat Augen. Augen, die irgendwo noch in einer anderen Welt sind. Wir sind einfach entzückt von diesem Wunder, das sich ohne bewusstes Zutun der Mutter in dieser absolut perfekten Art und Weise formt.

Stell dir vor, wir würden alle herumlaufen im Wissen um dieses Wunder.

Das wäre was! Ich merke zum Beispiel, wenn ich im Tai-Ji- oder Qi-Gong-Unterricht frage, wo die Milz oder die Gallenblase ist, dass viele Menschen das nicht wissen. Wo das Herz ist, wissen die meisten, wo die Nieren sind auch noch, aber dann wird es schwierig. Der Körper ist in sich betrachtet auch wieder ein absolutes Wunderwerk. Und ich muss gar nichts machen. Ist das nicht verrückt? Ich muss nichts machen, damit mein Herz schlägt und das Blut durchgepumpt wird. Ich muss nichts machen, dass es atmet. Ich muss nichts machen, dass es verdaut – welch ein Wunder, welch eine Dynamik ist es, wie dieser Körper funktioniert. Meistens begreifen wir erst, wenn etwas ausfällt, wie subtil, wie komplex, wie unglaublich das Zusammenwirken all dieser feinsten Knöchelchen, Sehnen, Muskulaturen, Blutbahnen, Nervenzellen ist, wie großartig dieser Körper-Verstand-Organismus eigentlich geschaffen ist.

Ich habe Frau Tweedie noch im hohen Alter gesehen, damals war sie 90 oder 91 Jahre alt, und für viele Menschen sind alte Menschen nicht mehr schön, aber für mich hatte Frau Tweedie einfach die schönste Hand aller Hände. Ich kann mich noch so gut erinnern, wir tranken Tee bei ihr in der Küche, und ich sah einfach das Licht in ihrer Hand, ich fand diese Hand so unglaublich schön.

Wenn wir mit dem Herzen schauen, mit dem inneren Auge, dann haben wir das Potential, dieses Licht in jedem Menschen wahrzunehmen. Wir sind des Lebens im Menschen gewahr, des Lebens, das ihn ja erst ausmacht, das ihn sehen, hören, riechen, sein Herz schlagen lässt.

Wir nehmen gleichsam seine Lichtstruktur wahr. Es gibt Fotos der Aura, die in ihrer Farbigkeit unglaublich ist, die sich je nach Gemütszustand des Menschen verändert. Auch das gehört auf einer feinstofflicheren Ebene zum Körper.

Im Indischen spricht man von mehreren Körpern, die der Mensch hat – der grobstoffliche, der subtile oder Äther-Körper, der Mental-Körper, der Emotional-Körper und der Kausal-Körper. Wenn wir in unserem Kulturraum von Körper sprechen, dann meinen wir meist den grobstofflichen Körper, der in sich – wenn wir jetzt nur unsere Hand betrachten oder dem Herzschlag zuhören – schon ein Wunder ist, das es gilt, wertzuschätzen. Ohne Anhaftung, das ist ganz, ganz wichtig.

Wir gehen zum Teil fürchterlich mit unserem Körper um, was natürlich mit der Spaltung von Geist und Materie, von Körper und Geist, zu tun hat, in der der Körper so abgewertet wurde, weil er als verführerisch, weil er als sündig galt, und da wirkt oft noch etwas in uns nach. Es wird noch viel innere Arbeit zu leisten sein, diesen Körper wieder als heil und heilig ins Gewahrsein zu nehmen. Ein Gleichgewicht auf der Ebene des Körpers würde heißen, zu schauen, dass es ihm gut geht – auch in der Sexualität; auf die Nahrung zu achten, manchmal braucht er auch Übungen und frische Luft. Normales Leben im Gewahrsein, den Krug, den Tempel, nicht vernachlässigen, weil auch er ES ist.

Wenn wir anfangen, das Mantra zu praktizieren, sagen wir es mit dem Verstand, und dann sinkt es ins Herz hinein. Und es gibt ein Mantrasagen, bei dem jedes Atom neu zu schwingen beginnt, in eine höhere Schwingung hineinkommt, die in jeder Zelle physisch erlebbar ist. Auch in der ekstatischen mystischen Erfahrung ist der Körper mit einbezogen. Es ist eine Art Erotik, die in der Vereinigung mit dem inneren Geliebten erfahrbar wird. Der ganze Körper beginnt in dieser höheren Frequenz der Liebe mitzuschwingen, und das hat mit Erotik zu tun und umfasst das ganze Menschsein in allen Dimensionen.

Viele Menschen haben die Vorstellung, wenn wir im Gewahrsein, im Präsentsein »angekommen« sind, dass es dann überhaupt keine Gefühle mehr gibt. Doch das ist keineswegs so, sie bleiben, sie verlieren nur ihre brennende, ätzende Kraft, und zwar sowohl die »negativen« Gefühle, wie zum Beispiel Neid oder Eifersucht, als auch die »positiven« Gefühle, wie begeistert sein, verliebt sein und so weiter. Sie verlieren dieses sengende Feuer, in dem man sich sofort die Flügel verbrennt.

Die Gefühlswelt gehört einfach zum Leben. Wenn Ärger aufkommt, kommt Ärger auf. Aber da ist zunächst einmal niemand, der diesen Ärger bewerten muss, sondern der Ärger wird gesehen und akzeptiert. Wenn wir den Ärger ganz zulassen – zulassen, nicht ausleben –, transzendiert er sich durch das Gewahrsein selbst.

Es gibt also keinen perfekten Zustand, den man erreichen kann, es gibt nur Dynamik. Es kann auch sein, dass Gefühle aufkommen, bei denen durchaus noch eine Vermischung mit einem Ich-Identifiziertsein vorhanden ist und ein anderer Teil ist bereits nicht mehr identifiziert, kann erkennen, kann loslassen oder – haften bleiben. Machen wir uns keine Vorstellungen in diesem ganzen Bereich, *alles* ist Ausdruck SEINER Liebe.

Viele Menschen in unserer Kultur haben sich ausgiebig mit ihrer Psyche befasst, und jetzt geht es daran, diese in Ruhe zu lassen. Für mich heißt ein Gleichgewicht in diesem Bereich: Das, was ist, ist. Annehmen, nicht abwerten durch ein Idealbild: Das dürfte jetzt doch nicht mehr so oder so sein. Das, was ist, ist, auf jeder Ebene. Das gilt auch für die Psyche.

In unserer Schulung arbeiten wir mit Träumen. Sie sind für mich ein Werkzeug, weitere Aspekte des Lebens, der inneren Alchemie zu erkennen. Ich kann in ihnen auch Hinweise für eine Neuorientierung oder eine Weiterentfaltung entdecken – was eben so stattfindet innerhalb von Raum und Zeit. Diese Ebene ist einfach integriert, ich lasse sie nicht aus, sie ist ein Teil meines Lebens, wie der Körper ein Teil meines Lebens ist, so wie die innere Stille einfach immer da ist.

Eine gewisse innere Arbeit ist vermutlich für die meisten Menschen in unserer Kultur notwendig. Die jahrelange Traumarbeit hat mir sehr geholfen zu erkennen, dass die ganze Welt in uns selbst ist und dass wir nicht das sind, was wir denken, das wir sind. Auf der psychischen Ebene all diese Licht- und Schattenseiten zu versöhnen, zu akzeptieren ist hilfreich. Wir können da nicht in der Polarität stecken bleiben, weil wir letztlich gezwungen sind, die Gegensätze in uns zu vereinen und zu versöhnen.

Außerdem ist es bei der Traumarbeit so, als ginge ich auf Weltreise. Es ist eine Art Bildungsreise, weil ich entsprechend meiner Alchemie in Kontakt komme mit anderen Kulturen – nicht mit allen, aber weil wir *ein* Organismus sind und Zeit und Raum im Traum keine Rolle spielen, mit vielen. Ich komme in Kontakt mit den Archetypen der Menschheit. Dadurch entstehen Verständnis, Mitgefühl und Anteilnehmen am Menschsein. Das ist eine sehr hohe und zugleich tiefe Form der Bildung. Laotse sagte: »Du kannst alles aus deinem Zimmer heraus erkennen, je weiter du rennst, desto weniger du kennst.« Durch die Innenschau ist es möglich, die Welt und das Menschsein zu erfassen. Und durch das Betrachten und In-die-Liebe-Hineinnehmen dieser einzelnen inneren Figuren erwächst ein tiefes, menschliches Da-Sein für die relative Ebene, es ist das Mitgefühl, das der Mensch als Ausdruck des Göttlichen mit allen Menschen teilt. Mitgefühl ist ein Aspekt der Liebe.

Durch diese Art, die Psyche als Dimensionen in sich kennen zu lernen, öffnen sich nicht nur die Gefühle, sondern werden auch archetypische Bilder sichtbar, das ganze Götterreich. Wir können in Bereiche gelangen, die der tibetische Buddhismus als Bardo bezeichnet. All das erschließt sich uns zum Beispiel in der Traumarbeit.

Man kann sich das so vorstellen: Ich bin eine Person mit dem Selbstbild von der Größe eines Gärtchens von zehn Quadratmetern oder von hundert Quadratmetern oder sogar einem Hektar – und indem wir die Ebene der Psyche im Inneren ausloten, weitet sich unser Selbstverständnis, bis es die ganze Welt umfasst. Dann gibt es nur noch den Ich-Zaun, der fallen muss, das Ich-Identifiziertsein. Dann gelangen wir zu dem ICH BIN ohne »ich bin die Soundso«. Die Soundso verblasst, und das ICH BIN kommt in den Vordergrund.

Wenn dieses Ich-Identifiziertsein weggefallen ist, bleibt die Ebene der Psyche bestehen, nur sind die Gefühle jetzt in einem freien Fluss und genau der macht die Farbe des Lebens aus. Und das Mitgefühl lässt uns menschlich bleiben oder menschlich werden.

Ich habe aber auch oft beobachtet, dass gerade durch viel spirituelle Arbeit ein gewisses Zurückziehen aus dieser Art von Menschlichkeit und der Farbigkeit des Lebens geschieht.

Mir fällt in dem Zusammenhang die Geschichte des chinesischen Mönchs ein, der mit einem amerikanischen Schriftsteller zurück nach China geht. Er war ein wirklich wunderbarer, verwirklichter Mönch. Als er die Zerstörung sieht, die durch die Kulturrevolution geschah, weint er tagelang.*

Oder ein anderes Beispiel aus dem Tagebuch von Ken Wilber**. Er kommt einmal von der Beerdigung eines Freundes zurück, und seine Freundin fragt ihn: »Bist du denn nicht auch traurig?«, und sie bezieht das auf alle seine diversen hohen Zustände, in denen er fernab jeglichen Gefühls war, und er antwortet: »Ja.« Und sie sagt: »Wenn du Nein gesagt hättest, wäre ich aufgestanden und gegangen.«

Dieser Aspekt der Menschlichkeit fließt jetzt frei, wenn dieses Kippen der Identifikation geschehen ist, er ist nicht weg.

> Zenmann kann gut weinen.
> *Nagaya Roshi nach dem Tod seines Kindes****

Das Leben hier auf der Erde ist ein Farbenspiel. Es ist, wie wenn das Licht, das keine Farbe hat, durch das Prisma gebrochen wird und sich in all diesen Facetten spiegelt. Und dazu gehören die Trauer und die Wut und die Angst und die Freude, das tiefe Ergriffensein von Musik. Manchmal ist auch diese Kraft im Zorn, aus der heraus man Nein sagen muss.

Man spürt zum Beispiel Zorn aufsteigen und erkennt, dass es Zorn ist. Und es ist, was es ist. Man muss nicht davonrennen, und so gibt er dem Leben Fülle und Tiefe und Farbigkeit – das ist SEIN Spiel. Der Tanz der Maya. Aber Maya, die nicht verhaftet ist, die nicht Anhaftung kreiert, sondern frei tanzt. Die Kraft des Zorns kann dann gerichtet eingesetzt werden oder zieht vorbei.

---

* Tsung Tsai & George Crane, *Die Höhle des Meisters*, München: Ansata, 2001
** Ken Wilber, *Einfach Das*, Frankfurt am Main: Fischer Verlag, 2001
*** Tetsuo Nagaya Kiichi Roshi, *Tuschspuren*, Zürich, Berlin: Theseus Verlag, 1985

Viele Menschen sind auch der Auffassung, im Gewahrsein dürften keine Gedanken mehr da sein. Das ist natürlich nicht der Fall.

Zunächst einmal ist der Verstand ein wunderbares Instrument. Er ermöglicht uns, zu forschen, zu analysieren, den Alltag zu bewältigen. Wenn wir Hunger haben, überlegen wir, wie wir etwas zu essen bekommen können, gehen in einen Supermarkt und kaufen etwas ein. Und dazu brauchen wir den Verstand – wunderbares Instrument.

In den spirituellen Traditionen heißt es oft, der Verstand müsse still werden, der Geist solle wie eine stille Wasseroberfläche ohne eine Welle sein, dann erkenne man die Wirklichkeit.

Wenn wir zum Himmel schauen, gibt es selten Zustände, in denen er ganz blau ist. Ganz ähnlich ist es mit dem Geist, mit unserem Verstand, mit dem *mind*. In meiner Erfahrung ist es so, dass das Gebundensein an den *mind* tatsächlich enorm abnimmt. Ich bin nicht mehr Sklavin meiner Gedanken, das heißt, es gibt meistens die Möglichkeit auszusteigen.

In der Meditation versenken wir die Gedanken und werden still. Und das geschieht tatsächlich – und manchmal geschieht es auch nicht. Es ist nicht so, dass im Gewahrsein keine Gedanken mehr sind. Gedanken können kommen, sie können auch wieder gehen. Durch das Gewahrsein bin ich aber dessen gewahr. Und das ist Freiheit.

Viele Menschen erleben am Morgen, wie ein Gedanke kommt und nach ihnen greift und sie in Bann hält. Dann denkt der Mensch, er sei das, was er denkt. Das löst sich im Gewahrsein, aber Gedanken kommen und gehen ganz natürlich.

Ramesh Balsekar hat eine Unterscheidung gemacht, die leicht nachvollziehbar ist. Es gibt eine Gedankenwelt, die er den Arbeitsverstand – *working mind* – nennt, den brauchen wir: Wenn wir den Computer anstellen wollen, drücken wir auf den Knopf, wenn wir telefonieren, wählen wir Ziffern, wenn wir nach Griechenland reisen wollen, rufen wir das Reisebüro an und bestellen Tickets. Und diese Gedanken machen uns auch nicht zu schaffen, außer – wir kommen nach Hause und denken immer noch über die Griechenlandreise nach, ob wir das auch alles richtig gemacht haben und ob es nicht doch besser gewesen wäre, wenn … Wenn die Gedanken beginnen, sich zu verselbständigen, kommen wir in den *thinking mind*, in den Denk-Verstand. Es denkt einfach, und zwar nicht mehr praktisch bezogen auf eine Tätigkeit, sondern es denkt selbständig. Und dieser *mind*-Teil ist überflüssig und kostet sehr viel Lebensenergie.

Im Gewahrsein haben wir die Möglichkeit, diese Wolken vorbeiziehen zu lassen, so dass sich eine Hochdrucklage entwickelt, blauer Himmel. Dann wird es stiller, wir sind nicht von diesem verselbständigten Denken absorbiert, sondern können das Denken dann einsetzen, wenn wir es wirklich brauchen.

Manchmal bemerke ich bei mir, dass es plötzlich einfach denkt, aber ich habe jetzt die Möglichkeit, sobald ich dessen gewahr werde, dass es entweder wegfällt, oder – wenn diese Gedanken hartnäckig sind, wenn sie sehr geladen sind, weil Gedanken Gefühle nachziehen und dann werden diese Gedanken aufgebauscht wie Gewitterwolken und vernebeln den Menschen – dann benutze ich das Mantra als Möglichkeit, mich rauszuziehen. Ich möchte aber nochmals betonen, der Verstand, das Denkenkönnen, ist eine wunderbare Angelegenheit. Die schöpferische Kraft im Menschen wirkt über den *mind*. Wenn der Mensch eine Intuition umsetzen möchte, braucht er den *mind*, den Verstand. In diesem Verstand ist Lichtkraft enthalten. Gedanken haben eine Art magnetische Kraft, sie bewirken schöpferisch das, was sie enthalten. Wir haben die Kapazität, diese Gedankenkraft bewusst einzusetzen.

Aber das nutzen wir noch sehr wenig, denn die meisten Menschen fühlen sich dem *mind* eher ausgeliefert. Aber wir können Meister des *mind* sein, können eine sanfte, aber bestimmte Führung des *mind* in uns kultivieren. Im tibetischen Buddhismus und im Zen wird der *mind* oft mit einem wilden Tier verglichen. Das Bild des wilden Pferdes – wenn das Pferd gezähmt ist und wir es reiten können, ist es eine wunderbare Kraft.

Wenn wir Menschen diese Kraft vermehrt zur Verfügung haben, stehen uns wiederum Möglichkeiten offen, die wir bis jetzt noch nicht erahnt, geschweige denn genutzt haben. Wir kreieren die Welt zu einem großen Teil über diese Lichtkraft, die im Verstand enthalten ist, mit. Das nutzen wir bisher kaum bewusst.

Es ist in dem Zusammenhang vielleicht hilfreich, sich einfach mal drei Tage lang, oder ein Tag würde auch schon reichen, anzuschauen, welche Gedankenmuster innerlich ablaufen. Viele Menschen haben so eine Art permanente Hintergrundmusik wie im Supermarkt laufen: »Das kann ich nicht, das geht doch nicht, das schaffe ich schon, was soll ich denn jetzt machen, der ist ja zu blöd« – und so weiter. Häufig sind es negative Botschaften. Es wäre den Versuch wert, sich einfach einmal eine positive Information zu sagen und zu schauen, was geschieht. Es wird eine Veränderung bewirken.

Durch die Beschleunigung in unserer Zeit wird sich das, was gedacht wird, schneller verwirklichen. Wir kennen diese Geschichten, in denen man drei Wünsche frei hat, die dann erfüllt werden, und man muss da sehr genau aufpassen, was man sich wünscht. Frau Tweedie hat uns immer gesagt: Achtet auf eure Wünsche.

Wunsch ist *mind* angereichert mit Intentionen und Emotionen. Die Gefühlswelt ist mit den Gedanken verschmolzen, das erhöht die Intensität. Was der *mind* enthält, ist das schöpferische Prinzip, mit dem wir uns unsere Welt erschaffen.

Ramana Maharshi hat gesagt, dieses Licht im Herz der Herzen wird dem *mind* geliehen und erst das bewirkt die Erkenntniskraft. Alles, was wir außen sehen, ist ein Abbild, das eigentlich nur durch das geliehene Licht aus dem Herz der Herzen erkannt werden kann. Und das ist schöpferische, göttliche Energie.

Der *mind* umfasst einen Bereich, der ganz viele Begriffe enthält – Erinnerung, Verstand, Vernunft, Intellekt, Geist, Aufmerksamkeit, Achtsamkeit. Es sind Begriffe, die gar nicht so klar definiert sind. Jetzt kommt auch noch die Gehirnforschung und sagt, dass der Mensch gar nicht so bewusst und frei entscheidet, wie wir das immer geglaubt haben. Treffen wir eine Entscheidung, so wird sie vom unbewussten Teil des Gehirns getroffen und erst den Bruchteil einer Sekunde später kommt das bewusste Bewusstsein nach und sagt, ich habe mich dazu entschieden, weil ... Diese neuen Erkenntnisse werfen natürlich einige Fragezeichen auf, was den freien Willen angeht.

> Dein Wille geschehe.
> *Christliches Gebet*

*I*n der Liebe zu leben, was die Ebene der Seele angeht, ist göttlich. Für mich ist Seele göttliche Wesenskraft. Das, was nicht wirklich geboren wird, nicht wirklich stirbt. In Liebe sein ohne Bedingungen schmeckt nach Seele. In tiefster Liebe zu sein mit sich und allen ist seelisches Gleichgewicht. Der Weg, den Frau Tweedie uns vorgelebt und unterrichtet hat, findet auf der seelischen Ebene statt, umfasst aber alle Daseinsebenen des Menschen. Wenn ich aus dem Herzen oder aus geistiger Sicht heraus den Menschen betrachte oder »sehen« kann, ist das ein Wahrnehmen der seelischen Dimension, in der ich dieses Göttliche erkenne, dieses singende, schwingende Nichts-Alles, und gleichzeitig auch den Klang des Einzigartigen.

Wenn ein Mensch sich befreien konnte von »müssen« und »sollen« und eingeschwungen ist in sein einzigartiges Dasein, dann ist darin seelische Balance. Die Seele des Menschen jubelt, wenn er er selbst ist, wenn das So-Sein sich ergießt, wenn eine innere Weite, der Herzensraum, der Geistkanal geöffnet sind, dann hat der seelische Aspekt des Menschen Raum zu leben, zu sein.

Für die Seele muss alles gleichsam »in Ordnung« sein. In Ordnung sein heißt, der seelische Aspekt im Menschen kann dann frei schwingen, wenn alle Vergangenheit aufgeräumt ist und jede Zukunft möglich wird. Die Seele ist dann frei, wenn keine Schuldgefühle mehr da sind, keine Angst mehr vor dem Tod, wenn Vergebung stattgefunden hat gegenüber sich selbst und allen anderen Menschen oder Wesen, wenn innerlich aufgeräumt wurde, so dass der Mensch in jedem Augenblick von dieser Welt gehen kann – als Mensch, nicht als göttliches Wesen, da geht nichts.

Manchmal mag es vielleicht hilfreich sein, um in ein seelisches Gleichgewicht zu kommen, dass man sich vorstellt, man hätte nur noch drei Monate Zeit zu leben. Wenn man sich darauf wirklich einlässt, schaut, was noch nicht erledigt ist, sich entschuldigt bei Menschen, die man verletzt hat, Geld zurückgibt, das noch nicht bezahlt wurde – einfach aufräumt, Wichtiges von Unwichtigem trennt, dann kann der Mensch vor sich selbst in einer inneren Freiheit ganz im So-Sein stehen.

Die Seele braucht Raum-Zeit. Die seelische Ebene des Menschen braucht Zeit für das So-Sein. In der heutigen Gesellschaft sind wir entweder überaktiv oder arbeitslos, wir leben in zwei Extremen. Weder die eine noch die andere Ausdrucksweise des Alltagslebens wird dem seelischen Bereich, der seelischen Ebene des Menschen, gerecht. Die Seele braucht freies Schwingen. Für den Alltag heißt das, dem All genügend Raum und Zeit zu geben.

Wenn es im Menschen etwas gibt, auf das er sich beziehen kann, so ist es der seelische Aspekt, dieses tiefe nach innen Empfinden. Dort ist ein Wissen, das nichts mit dem Verstand zu tun hat, das sehr genau weiß und das – wenn es genug Raum hat – fast eine Art Glückseligkeit, Liebe ist.

Letztlich können wir den Begriff Seele nicht genau definieren. Es ist wie mit dem ICH BIN – es entzieht sich der rationalen Sprache, und trotzdem hat jeder Mensch ein Empfinden dafür in sich. In der heutigen Zeit steht es an, dass die Menschen auf diesen innersten, raumlosen Raum achten, dass genug Weite und Zeit ist, damit der seelische Aspekt wirken kann, sein kann. Es ist nicht so sehr ein Wirken, es ist mehr ein So-Sein, das zutiefst nährt, jeglichen Mangel beseitigt, das trägt, liebt. In diesem Gleichgewicht gibt es keinen Mangel, es ist ein komplettes Aufgehobensein in sich selbst, in diesem So-Sein. Aus allem, was seelisch belastet, entsteht ein Gefühl des Mangels. Aus dem Mangel heraus wachsen dann die Begierden und Wünsche.

Das treibt uns zu all diesen unglaublichen Anstrengungen in der äußeren Welt von »Ich brauche noch dieses und ich brauche noch jenes«, oder auch subtiler »Ich brauche Anerkennung von außen«, «Ich brauche Wertschätzung«.

Das verdunkelt oder verändert das Wahrnehmen des seelischen Raumes, in dem alles enthalten ist, was der Mensch braucht an Liebe, an Anerkennung, an innerem Genährtsein, an Getragensein über das Physische hinaus.

Die Seele ist für mich wie eine Leinwand, auf die ein Film projiziert wird. Ist der Film abgespult, bleibt die weiße Leinwand zurück. Die Seele ist nicht befleckbar.

Um zu realisieren, dass wir eigentlich ein weißes Blatt, eine weiße Leinwand sind, kann es helfen, zum Beispiel einmal alle unsere so genannten »Sünden« aufzuschreiben, alles, bei dem wir das Gefühl haben, nicht im Einklang mit uns zu sein.

> Du verlässt
> unseren Kreis, die Freunde des Geliebten,
> wenn du
> von Schuld sprichst,
> und dies macht
> jeden in der Taverne sehr traurig.
>
> Bleib bei uns zur Nacht,
> während wir Liebe weben
>
> und uns offenbaren,
> uns offenbaren
>
> als seine kostbaren
> Gewänder.
>
> *Hafis**

In sich existiert das nicht, aber *relativ* ist das sehr wohl existent und belastet und verdunkelt das natürliche, freie Dasein. Damit der Mensch davon frei wird, gibt es die Möglichkeit, alles aufzuschreiben und zum Beispiel dem Feuer zu übergeben, um sich zu lösen, die Vergangenheit verschwinden zu lassen, alles zu vergeben.

Als wir auf Tilos ankamen, hatte ich einen Traum, in dem es darum ging, einen Rosengarten anzulegen, hundert Rosen neu zu pflanzen. Ich begann im Traum mit den ersten drei Rosen. Die erste Rose bedeutete Vergebung, Vergebung sich selbst und allen anderen gegenüber. Die zweite Rose war die Rose der Liebe, alles im Licht der Liebe zu sehen, letztlich zu sehen, dass Schöpfung Liebe ist. Die dritte Rose war die Dankbarkeit, auch wieder ein ganz natürlicher Zustand. Und nachdem ich in diesem Sinne diese drei Rosen gesetzt hatte, wurde ich im Traum aufgefordert, diese drei Rosen nun ganz real im Garten zu pflanzen.

Interessant war in diesem Traum, dass die erste Rose Vergebung war. Im reinen Gewahrsein braucht es all dieses nicht. Wahre Vergebung ist das Erkennen, dass nichts jemals geschah. Das ist wahre Vergebung, *und* es gibt eine menschliche Vergebung, weil wir auf der relativen Ebene Gefühle haben, uns vielleicht noch an dieser oder jener Stelle verletzt fühlen. Damit wir das loslassen können, gibt es die menschliche Vergebung. Viele Menschen laufen mit Schuldgefühlen herum, die wie Mühlsteine in ihrem Inneren hängen, und das ist völlig unnötig. Schuldgefühle können aufgelöst werden.

Unsere größte Furcht ist natürlich die vor dem Tod. Wenn wir innerlich das Nichts-Alles erfahren, erfahren, dass niemals etwas geboren wurde und sterben kann, dann kann diese

---

* Hafis, a. a. O., S. 54, gekürzt

Angst vor dem Tod aufgelöst werden. Es ist die größte Bindung, die der Mensch an den Körper hat, seine tiefste Verhaftung.

Wenn ich aber ehrlich bin, weiß ich nicht, wie ich reagiere, wenn ich wirklich vor dem Tod stehe. Ich weiß es nicht. Ich weiß nur, dass Menschen, die schon lange spirituell geübt haben, trotzdem Angst vor dem Tod haben können. Wir wissen nicht, wie wir zu diesem Zeitpunkt wirklich reagieren. Und – spielt das eine Rolle? Sind wir nicht irgendwo einfach in Liebe gehalten?

> Mir hatte das Verzeihen als Weg zum Erinnern des wahren Selbst immer gefallen. Das ist ein Ansatz, den man nur in wenigen großen Weisheitstraditionen findet, bei denen es meist eher um Bewusstseinsschulung oder Hingabe geht. Niemals vergeben, niemals vergessen, das ist das Kennzeichen des Ego. Das Ego versucht es gar nicht erst mit dem Verzeihen, denn damit wäre sein Dasein insgesamt in Frage gestellt. Das Verzeihen hat daher zur Folge, dass wir vom Ego und seinen Kränkungen ablassen und uns statt dessen auf das Selbst besinnen.
>
> *Ken Wilber**

Wenn ich jetzt zur Ebene des GEISTES komme, können wir gar nichts mehr sagen. Nicht im kleinsten Kleinen und nicht im größten großen GEIST. Bildlich gesprochen ist es jener ein-

---

* Ken Wilber, *Mut und Gnade*, München: Scherz Verlag, 1993, S. 190, gekürzt

zige, unendliche Ozean, und wir sind nicht Welle, wir sind Ozean.

Im Ozean ist letztlich keine Eigenschaft mehr erkennbar. Je tiefer du in einen Ozean eintauchst, desto mehr verschwinden die Wellen, das, was dem Leben Farbe und Form und Bewegung gibt. Dort am Urgrund ist es absolut still. Aus diesem Urgrund heraus entsteht jede Bewegung und kehrt zu ihr zurück. GEIST ist unübertrefflich, unaussprechlich, unbenennbar, wirkt in einer Kraft und Dynamik, die wir nie erfassen können, drückt sich in einer Schönheit aus, die jenseits aller Worte ist. Der GEIST selbst ist absolut still, absolute Stille. Jedes Wort, jede Form, jede Bewegung des Lebenstanzes ruhen in ihm. Das ist, was wir wirklich sind. Sind wir das wirklich? Ich setze ein Fragezeichen dahinter, weil ich vermute, dass wir das nie erfassen können. Es wird ewiges Geheimnis sein, sich auf seine Weise immer neu offenbaren, unmöglich zu erfassen sein. Aber ich weiß, dass es in mir wirkt.

Es gibt ein Empfinden für SEIN Bewegen, für SEINE Dynamik, ich bin nichts anderes als SEINE Bewegung, die absolute Stille ist. Nichts. Alles.

Zu einem Leben in Liebe gehört für mich auch dazu, uns als einen Teil der Natur zu sehen, im Kontext zu anderen Menschen, zu anderen Wesen, zur Natur insgesamt, zum Universum.

Wichtig ist es, dass wir uns das jetzt nicht wie so eine Himmelsleiter vorstellen, Körper und dann Psyche und so weiter. Es ist eine dynamische Interaktion aller Ebenen zugleich, sich kreisförmig-spiralig entfaltend. Das dynamische Sein bewirkt die Interaktion jeder Ebene auf die andere. Wir sind diese Dynamik, gar nicht so sehr Körper, *mind*, Gefühle. Wir sind Energiefelder in unterschiedlichen Frequenzen.

Wenn sich dieses innere Verständnis eines dynamischen

Seins vertieft, dann sind wir auch nicht mehr so festgefahren in unseren Sichtweisen. Wir denken ja manchmal, wie kann ich eine Verhaltensweise von mir verändern, und dann wird es so schwer, bis sich diese »Materie« bewegt. Das hat viel mit den festen, starren Bildern zu tun, in denen wir denken.

Die Naturwissenschaften helfen uns jetzt, ein tieferes Verständnis zu entwickeln, wenn sie von Feldern sprechen und davon, dass das Zusammenwirken viel wichtiger ist als das einzelne Objekt, weil es ein solches an sich gar nicht gibt. Also gibt es auch keine Psyche an sich, nicht einmal einen Körper an sich, sondern ein Zusammenspiel, ein Zusammenwirken jeder Ebene mit der anderen. Und das Zusammenspiel ist das eigentliche Geschehen. Das ist es, was die Mystiker immer gesagt haben: Jeder Augenblick ist vollkommen neu. Professor Dürr spricht davon, dass sich ständig neue Konstellationen ergeben. So ist das Elektron nie genau zu lokalisieren, in jedem Augenblick kreiert sich eine neue Laufbahn, die vollkommen neu ist. Wir müssten uns aber nicht fürchten, so beruhigt er uns, dass unser Auto plötzlich nicht mehr da wäre oder unser Jaguar sich in einen Mini verwandelt hätte, weil es einen Erfahrungswert gebe, der besagt, dass unser Auto mit größter Wahrscheinlichkeit noch da sein wird.

Wenn wir das einmal auf unsere Lebenssituation übertragen, können wir sagen, jeder Augenblick wird neu kreiert. Dieses dynamische Verständnis kann uns helfen, jeden Menschen in jedem Augenblick neu wahrzunehmen, und das heißt, wirklich *wahrzunehmen*, weil alles andere nur unsere eigenen Bilder sind, die wir reproduzieren.

Am besten sieht man das beim Partner oder bei der Partnerin, wie da häufig so ein Gedanke dazwischenrutscht: »Schon wieder« oder »Ach ja, das kenne ich, das ist sein Thema«, »Hast du schon wieder …!«, »Das würde ich nie sagen!« Das sind

Formulierungen, die den dynamischen Aspekt des wirklichen Seins nicht berücksichtigen.

So wie unsere Kommunikationswege immer schneller werden, könnten wir bei diesem Thema durchaus auch ein bisschen Geschwindigkeit zulegen. Jeder Augenblick ist neu. Es kann sein, dass im nächsten Augenblick meine Atome irgendwie anders schwingen. Sehr verrückt. Sich zu entmaterialisieren zum Beispiel. Das heißt nichts anderes, als dass die Atomstruktur sich verändert und wieder sichtbar wird. Das sind alles keine Angelegenheiten, die so weit weg sind, es gibt Menschen, die sehr genau wissen, wie diese Kräfte wirken und die damit umgehen können.

*A*bseits der Hauptrouten der Altstadt hatten wir in einer kleinen, kühlen Seitengasse ein Café gefunden, in dem uns beiden wohl war. Seltene Kuchen, knusprige Sesamstangen, aromatisches Olivenöl im Salat und richtiger Kaffee.

Während Annette in den kleinen Läden der Gasse nach Mitbringseln Ausschau hielt, saß ich dort und las.

Nach einer Weile kam sie aus dem Laden schräg gegenüber zurück und hatte mir einen Schlüsselanhänger mit einem Delfin und seinen Jungen mitgebracht. Da ihr das nicht genügte, schenkte sie mir zu den Delfinen noch einen Granatapfel dazu. Wir lachten – schon hatten wir in der Symbolik wieder unsere Themen. Diesmal in Silber.

Wo immer wir waren, kam Annette mit den Menschen ins Gespräch. Es will sich verströmen. So auch mit Hanna, der Besitzerin des Geschenkladens. Die stand unter der Tür ihres Ladens, sah uns zu und freute sich mit uns. Annette lud sie ein, doch einen Kaffee mit uns zu trinken. Obwohl sie vorher sehr redselig gewesen war, zögerte sie. Ob wir nicht eine Einladung von ihr annehmen wollten und uns mit ihr ins Café nebenan setzen würden.

Wir hatten beide keinen Impuls dazu und blieben sitzen.

Nach einer Weile kam sie doch, rutschte mit ihrem Stuhl so um unseren Tisch, dass sie schon fast in der Gassenmitte saß, begrüßte unserer Bedienung mit gesenktem Blick und bestellte sich einen Kaffee. Flüsternd ließ sie uns ihr Verhalten verstehen – sie und die Cafébesitzerin waren verfeindet. Nie mehr, hatte sich Hanna geschworen, würde sie dieses Café hier betreten. Jetzt tat sie es doch, zwar auf der äußersten Stuhlkante sitzend, aber überlebend. Und wir hatten das Geschenk, Geschichten aus ihrem Leben zu hören.

Ich weiß nicht, ob es danach leichter war für Hanna und ihre Nachbarin, ich weiß nur, dass in dieser Stunde ein Schwur von Feindschaft im Licht der Nachmittagssonne schmolz.

Nachdem wir gezahlt hatten, gingen wir noch zu einem Laden, in dem es diese wunderbaren Öllämpchen gab, die in den orthodoxen Kirchen als Ewiges Licht dienen. Ich schenkte Annette eines in magentarosa.

Auf dem Heimweg bat ich sie, ob sie nicht noch einmal den Aspekt des »Alles« aufgreifen könne, da sie ja so oft vom Nichts-Alles gesprochen habe.

*D*ass ich nicht nur vom Nichts spreche, sondern vom Nichts-Alles, ist zurückzuführen auf die Art der Urerfahrung, die ja einfach so geschehen ist.

In meiner persönlichen Erfahrung war es zeitlich getrennt, also nacheinander, aber in der Essenz ist es gleichzeitig. Und das war sehr eindrücklich. Wir kennen in unserer Sufi-Tradition die Geschichte, in der der große Heilige Jami in der Nacht von einem Polizisten, der einen Dieb suchte, festgenommen wird. Als ihn am nächsten Morgen der Bürgermeister in der Zelle entdeckt und ihn voller Entsetzen fragt, wie er dazu komme zu sagen, er sei ein Dieb, antwortet Jami: »Was bin ich nicht – der Dieb, der Bettler, der König …«

Dieses Einssein mit allem, dieser Aspekt des Alles, ist sehr wichtig. Wir haben heute Zugang zu verschiedenen inneren Wegen, bei denen das Nichts im Zentrum steht und als Urerfahrung zugänglich wird. Meister Eckhart spricht von Gott als dem Nichts; es gibt nichts als das Nichts, sagt Bhai Sahib. Das Gewahrsein des Nichts, der Leere, ist inzwischen vielen Menschen vertraut.

Und jetzt beginnt eine Bewegung in diesem Gewahrsein zu schwingen, die dieses Alles mit einbezieht. Wenn ich »ich« sage, meine ich mit diesem Ich nicht mehr so sehr die individuelle Annette. In meinem Selbstverständnis ist das Ich bezogen auf das ICH-BIN-Bewusstsein, *Sat-Chit-Ananda*, Leben, Bewusstsein, Liebe. Das Ich der Person ist holografisch gesehen aufgegangen in diesem ICH BIN. Es ist interessant, wie wir das in Sufi-Sprache schon von Bhai Sahib gehört haben: Das kleine Ich geht im großen auf. Frau Tweedie sagte: Das kleine Herz geht im Herz der Herzen auf.

Wenn ich in der Ich-Form spreche, schwingt das holografische Prinzip bereits mit. Das kleine Ich ist nicht verschwunden, es ist tatsächlich noch da, es ist nur aufgegangen in etwas umfassend Größerem, das weiter ist als das individuelle Menschsein.

Etwas drängt, dass das Selbstverständnis des Menschen in dieses größere ICH BIN hineinfließt, in dem wir uns *in der Welt* als *einen* Organismus verstehen – einen lebendigen Organismus.

Wenn ich in meinem Sein nachfühle, beginnt dieses Verbundensein, diese Dimension des ICH BIN, zu klingen. Das ist der Aspekt des Alles, in dem ich innerlich dieses umspannende, lebendige Ganzsein erfahre und teilweisen Zugang zu tiefen Informationen habe.

Dass jetzt das Licht des Bewusstseins auch auf das Alles fällt, hat etwas mit dem Bewusstwerden des weiblichen Aspekts im Sein, mit dem schöpferischen Prinzip, zu tun. Es gibt im Gewahrsein nicht nur die Vertikale, in der das Licht an sich gewahr ist, sondern das Sein enthält auch die Welt als solche, das Universum als solches.

Frau Tweedie hat gesagt, die Welt wird durch das Sein verändert. Es geht jetzt nicht darum, etwas in dieser Welt verändern zu wollen. Das wäre eine alte Betrachtungsweise, die auf ihre Weise ganz in Ordnung ist. Die Dimension, die ich hier meine, ist nicht auf derselben Ebene, und ich möchte nicht, dass das verwechselt wird.

Zunächst geht es darum, in diesem Sein, in diesem Lauschen, in diesem Gewahrsein nichts zu wollen, sondern einfach im Hier und Jetzt zu sein. Meiner Alchemie entsprechend war ich früher in der Entwicklungszusammenarbeit tätig, und aus meinem bestimmten Klang heraus gab es immer eine Liebe für diese Erde, für diese Menschen, für diese Wesen. Aber ich denke, dass das nicht nur ein persönliches Charakteristikum ist, sondern dass das in diesem ICH BIN enthalten ist. Es findet eine innere Öffnung statt, durch die diese Schöpfung in Liebe neu gesehen und erfahren wird und die dieser Liebe auch einen konkreten Ausdruck geben möchte. Das ICH BIN strebt aus sich selbst heraus nach Vervollkommnung, nach Harmonie, nach Balance. Der konkrete Ausdruck erwächst daher nicht aus Moral, nicht aus einer Einsicht, dass wir hier im Westen zu viel haben und die anderen zu wenig, er kommt aus dem universellen Bewusstsein und ist damit wirklich frei. Weil er zum Beispiel beim Teilen nicht einfach Resultate erwartet. Ein anderer Aspekt der Erfahrung des ICH BIN ist, dass einem eigentlich nichts persönlich gehört. Die alltäglichen Dinge, mit denen wir uns umgeben haben und zu denen wir sagen *mein* Bett, *mein* Haus, *mein* Stück Land, *meine* Arbeit, werden in einem anderen Licht gesehen – es gibt in Wirklichkeit kein Mein und keinen Besitz. Oder besser gesagt, wir können Dinge durchaus haben und nutzen, aber es gibt eine weitere Dimension, in der wir begreifen, dass wir Wanderer auf dieser Welt sind, dass wir kommen und wieder gehen. Der indianische Häuptling Seattle bringt dies in seiner Rede wunderbar zum Ausdruck.

> Aber wie kann man die Erde kaufen oder den Himmel?
> Diese Vorstellung ist uns fremd. Wenn wir die frische Luft und das Glitzern des Wassers nicht besitzen, wie könnt ihr sie von uns kaufen?

> Jeder Teil dieser Erde ist meinem Volk heilig. Jede glitzernde Tannennadel, jeder sandige Strand, jeder Nebel in den dunklen Wäldern, jede Lichtung, jedes summende Insekt ist heilig in den Gedanken meines Volkes.
>
> Wir sind ein Teil der Erde – und sie ist ein Teil von uns. Die duftenden Blumen sind unsere Schwestern, die Rehe, das Pferd, der große Adler – sie sind unsere Brüder.
> Die felsigen Höhen, die saftigen Wiesen, die Körperwärme der Ponikes – und des Menschen – sie alle gehören zur gleichen Familie.
>
> *Aus der Rede von Häuptling Seattle*

Wenn wir *ein* Organismus sind, dann ist es nicht logisch zu sagen, dieser Teil gehört mir. Wir *sind* ein Organismus.

Bis wir diese Dimension wirklich leben, wird es noch Zeit brauchen.

Und bis wir uns tatsächlich anders verhalten, andere Beziehungen sowohl untereinander als Menschen, als auch zur Erde, zur Schöpfung haben, auch das wird Zeit brauchen, aber es beginnt zu wirken.

Wir sprechen hier von den ersten ausgestreckten Fühlern, den ersten Impulsen, die diese Öffnung vollziehen, die eine Sprache suchen, damit mehr Lebensenergie fließen kann und Bewegung kommt, auch ganz konkret, wirklich alltäglich.

Es dämmerte schon, aber wir fürchteten die Dunkelheit nicht.

Wir hatten sie doch noch gefunden, die unberührte Bucht. Das Meer war stürmisch, weit in den Sand hinein trug es den heftigen Rhythmus.

Annette und ich saßen, in unsere Handtücher gewickelt an einen Felsen gelehnt, und sprachen über den nächsten Tag, an dem Annette »Futter geben« wollte, um unsere engen Bilder des Weiblichen zu weiten, zu weiten.

Wir hatten das kleine Bändchen von Elytis˙ dabei, und wir teilten unsere Freude darüber, wie er die Erde preist und den Himmel und dass er den Nobelpreis bekommen hat für dieses Preisen. Wir waren uns einig, dass keine von uns mehr scharf wäre auf den Nobelpreis.

Auf's Preisen schon.

Der Wind trug unser schallendes Gelächter an Land.

Im letzten Licht des Tages lasen wir uns gegenseitig vor:

Gepriesen der Flur des Abendlichts

gepriesen die stürmische Woge

der Durst jenseits der Brunnen und Flüsse

---

* Odysseas Elytis, *To Axion Esti – Gepriesen Sei*, Frankfurt am Main: Fischer Verlag, 1990. Die Zitate sind an unterschiedlichen Stellen entnommen.

Licht von innen in flimmernder Helle
Gleichnis und Bild der Unendlichkeit
ohne Ausdruck und Maske die Berge
zeichnen das Antlitz der Ewigkeit

Gegrüßt die T<small>RAUMGEBÄRERIN</small>
Ave der M<small>EERBEWEGERIN</small>

Gegrüßt die du ordnest das Monatsbrevier der G<small>ÄRTEN</small>
gegrüßt die U<small>NBÄNDIGE</small> der Paradiesestiefen.

J<small>ETZT</small> die wilde Erregung der Myrte
E<small>WIG</small> die scharfe Bewusstseinshelle
unerschöpflich und frei

Gepriesen die Erde
J<small>ETZT</small> ist das Nichts und E<small>WIG</small> die Welt die kleine die G<small>ROSSE</small>

Das Denken, der Verstand, der Logos, hat uns Menschen sehr viel an Erkenntnis, an Technik, an Weiterentwicklung in den äußeren Bereichen, zum Beispiel in der Erforschung dessen, was Natur ist, ermöglicht. Durch diesen Forschergeist hat die Menschheit wirklich unglaubliche Erkenntnisse, Errungenschaften, auch Erleichterungen erfahren.

Heute ist ganz viel Wissen vorhanden, aber es fehlt an der inneren Entwicklung des Menschen selbst. Der Mensch ist noch zurückgeblieben, und es bedarf dringend seiner weiteren Entwicklung. Ein Aspekt dieser Entwicklung bedeutet, das weibliche und männliche Prinzip wieder in eine Balance zu bringen und das Weibliche neu zu entdecken.

> Der ungeborene Raum ist weiblich.
> Der Schoß von Zeit und Raum, der Milliarden von Lebewesen hervorbringt und sich, wie die Schriften sagen, bewegt und doch nicht bewegt.
>
> *Irina Tweedie*[*]

Sri Aurobindo hat bereits in den 40er Jahren davon gesprochen; er war ein großartiger Denker, nicht nur auf der Verstandesebene, sondern in einem viel tieferen Sinne. Er sagte – etwas verkürzt und vereinfacht –, dass für die Menschheit als nächster evolutiver Schritt anstehe, sich um das weibliche Prinzip zu kümmern, denn die Materie werde bisher über-

---

[*] Aus der Tonbandmitschrift eines Vortrags in Berlin 1986

haupt nicht verstanden. Die Materie hat etwas mit dem weiblichen Prinzip zu tun. Sri Aurobindo hat diesem weiblichen Prinzip sehr viel Aufmerksamkeit geschenkt, und er hat dazu auch eine Schrift verfasst – *Die Mutter** – und darin vier Aspekte des Weiblichen beschrieben.

Zuerst möchte ich aber noch auf unsere westlichen Bilder des Weiblichen kommen. Wenn ich heute vom Weiblichen spreche, so ist das ein Suchen und Tasten, denn die alten Bilder vom weiblichen Prinzip, die wir in uns tragen, sind unzureichend. Es geht nicht darum, in der Vergangenheit zu suchen, es geht auch überhaupt nicht um so etwas wie ein Matriarchat, es geht um das Weiblichkeits*prinzip*, das sowohl der Mann als auch die Frau zu integrieren haben – neben dem männlichen Prinzip natürlich. Jeder Mensch muss in sich diese Balance von männlich und weiblich finden.

In einer psychologischen Betrachtung haben wir in unserem Kulturkreis vorrangig vier Frauenbilder zur Verfügung: Eva, Helena, Maria und Sophia. *Eva* verkörpert mehr den körperlichen Teil, sie wird verbunden mit der Versuchung. *Helena* hat mit dem weiblichen Aspekt der Schönheit zu tun im Gegensatz zur Kraft des Männlichen. *Maria* verkörpert das jungfräuliche Prinzip; jeder Augenblick wird neu kreiert; sie repräsentiert auch das ewig Reine. Und *Sophia* verkörpert die Weisheit. Die Weisheit des Herzens. Die Weisheit, die aus allen Dimensionen des menschlichen Daseins zusammenfließt. Weisheit ist nicht an den Verstand gekoppelt, sie ist etwas Integrales, das durch das So-Sein Zugang hat zu einem tiefen Wissen über die Vernetzung des *einen* Organismus, zu diesem tiefen Wissen, in dem jede Erfahrung des Menschseins dazu beiträgt, dieses Wissen weiter zu entfalten.

Es besteht eine Tendenz, selbst in psychologischen Kreisen,

---

* Sri Aurobindo, *Die Mutter*, Düsseldorf: Patmos Verlag, 1987

diese vier Prinzipien hierarchisch zu betrachten, auch wenn dies nicht bewusst intendiert ist. Die Spaltung von Geist und Materie, von männlichem und weiblichem Prinzip, von Geist und Körper ist dermaßen tief in uns eingegerbt, dass immer wieder leicht diese Bewertung hineinfließt – Eva, die Verführung, das Körperliche; Helena, die Schöne, schon sublimierter; Maria, da ist kein körperlicher Aspekt mehr dabei; Sophia, pure Weisheit.

Ich denke, diese vier Dimensionen sind spiralig-kreisförmig angeordnet, wirken dynamisch zusammen, von oben nach unten, von unten nach oben. Und wenn wir diese vier Aspekte in einer Dynamik sehen, gewinnen sie schon an Kraft.

Sri Aurobindo thematisiert in seinen vier Aspekten des Weiblichen noch die Qualität des Wie. *Wie* sich das Göttliche ausdrücken kann in dieser Welt, *wie* das weibliche Prinzip wirken kann. Es ist interessant, dass er sie vier Aspekte der *Mutter* nennt. Ich weiß nicht genau, warum er diesen Begriff »Mutter« gewählt hat. Sicher ist das Prinzip des Mütterlichen ein grundlegendes. Eine Mutter liebt alle ihre Kinder gleichermaßen, ob das Kind nun begabt oder weniger begabt ist; eine Mutter liebt einfach das Kind, unabhängig von dem, was es ist. Und das ist eine außerordentliche Qualität. Bhai Sahib sprach davon, dass der Lehrer die Schüler auf diese Weise liebt. Nur gibt es beim Lehrer nicht so eine Anhaftung. Beim Mutterprinzip gibt es dieses Thema der Anhaftung – zum Kind ist die größte Anhaftung von weiblicher Seite aus möglich.

Aurobindo schreibt den ersten Aspekt des Weiblichen der Göttin Maheshwari zu, den zweiten der Göttin Mahakali, den dritten der Mahalakshmi und den vierten der Mahasaraswati.

Wenden wir uns dem ersten Aspekt, Maheshwari, zu. Es handelt sich hier, das sei noch hinzugefügt, um Kräfte, und früher wurden Kräfte oft mit Göttern in Verbindung gebracht, wir kennen das auch von der griechischen Mythologie her. Maheshwari – diese Kraft setzt oberhalb des Denkens und des Willens ein. Es geht hier um eine Kraft der Weisheit in unglaublicher Weite und großem Glanz. Sie ist mächtig und weise, ermöglicht Zugang zum Supramentalen, zur unbegrenzten, kosmischen Weite, zur *Grandeur de Suprême*, zum Licht. Sie ist wie ein Schatzhaus voll wundervollen Wissens und grenzenloser Bewegung der ewig mütterlichen Kräfte.

Sie ist ruhig, vollständig in sich ruhend. Nichts kann sie aus der Ruhe bringen, da alle Weisheit in ihr ist. Was sie wissen möchte, bleibt ihr nicht verborgen. Sie versteht alle Dinge und deren Natur. Und sie bewegt sie und die Gesetze der Welt, alles zu seiner Zeit, am richtigen Ort, im richtigen Maß. Man kann sagen, dass Maheshwari das Herz der universellen Mutter ist. Sie hat ein unerschöpfliches, nicht endendes Mitgefühl. Alle Wesen sind ihre Kinder und sind Teil des Ganzen. Ihr Mitgefühl blendet aber nicht ihre Weisheit. Das ist ein wichtiger Aspekt, Maheshwari hat die Kraft des großen Überblicks. Sie hat das große Ganze im Blick und trägt es mit großer Liebe, Weisheit und Mitgefühl in sich.

Im indischen Kontext ist sie nicht leicht zugänglich, weil sie sehr groß und weit ist, fast unnahbar.

Mahakali verkörpert eine ganz andere Kraft. Sie hat eine überwältigende Intensität. Sie verkörpert Kraft, Stärke, höchste Höhen, sie ist unglaublich leidenschaftlich. Es ist eine Leidenschaft, die alle Grenzen zu sprengen vermag, alle Hindernisse aus dem Weg räumen kann. Sie ist behend, schnell, effektiv, unmittelbar, direkt, kompromisslos. Sie ist die Kriegerin dieser Welt. Sie gibt sich mit all den Dingen ab, bei denen Hindernisse im Weg sind, wo der Mensch zum Beispiel nicht willens ist, sich zu bewegen, wo Verdunkelungen sind, Unwissenheit, da ist ihre Kraft, die bewirkt, dass etwas in Bewegung kommt. Sie setzt sich gegen Zerstörungen, gegen Bösartiges, Falsches ein, auch gegen Indifferenz und Schlampigkeit. Dies alles wird von ihrer Kraft berührt und aus dem Weg geräumt.

Mahakalis Geist ist unbezähmbar. Ihre Vision und ihr Wille reichen hoch und weit wie der Flug des Adlers. Ihre Liebe ist intensiv und von tiefer, leidenschaftlicher Güte. Für schwächere Menschen ist sie schwer erträglich, weil sie so heftig ist. Sie erzeugt Druck. Aber Menschen, die einen guten Stand haben, schätzen sie außerordentlich, weil sie die Kraft in sich birgt, krumme Dinge gerade zu machen, verdrehte Dinge in eine Klarheit zu führen. Nichts kann sie befriedigen, das nicht der göttlichen Ekstase, dem höchsten Hohen, den nobelsten Zielen, den weitesten Visionen gleichkommt.

Ihre Kraft, ihre siegreiche, göttliche Kraft, brennt im Feuer der Gnade. Charakteristisch sind ihre Leidenschaft, ihre Schnelligkeit und dass sie durch ihre Kraft die großen Ziele erreichen kann.

Mahalakshmi ist wieder ganz anders. Ihre Natur ist von einem subtilem Geheimnis geprägt. Sie verkörpert das Wunder ewiger Schönheit, den Aspekt des nichtgreifbaren Geheimnisses göttlicher Harmonie, und darin liegt etwas Unwiderstehliches, ein universeller Charme. Ihre Kraft birgt eine Anziehung, die Dinge, Kräfte und Wissen trägt, formt und zusammenhält; einzelne Teile werden arrangiert, sich zu begegnen, zu vereinen, in ein neues Zusammenspiel zu finden.

Mahalakshmi hat mit Rhythmen zu tun, so auch mit dem Lebensrhythmus. Die Menschen in Indien wenden sich ihr mit Freude und Sehnsucht zu. Mahalakshmi verbreitet eine intoxinierende Süße des Göttlichen. Dieser Kraft nahe zu sein bedeutet tiefstes Glücklichsein. Sie hat auch etwas mit Ananda zu tun, diesem Nektar, den wir ja auch in der Stille, im So-Sein fühlen. Es ist diese Süße, diese Glückseligkeit, die ihr zugeschrieben wird, und das macht die Existenz wunderbar und überwältigend. Daraus erwächst Staunen.

Die Seele wird von dieser Kraft ergriffen und taucht in tiefe, unaussprechliche Glückseligkeit ein. Diese Kraft fordert Harmonie und Schönheit. Was hässlich ist, gemein, entstellt, brutal, verarmt in einem inneren Sinne, ausgehungert, da hat diese Kraft keinen Zugang gefunden. Auch Eifersucht, Bosheit, Neid, Undankbarkeit, grobe Leidenschaft oder ungeschliffene Wünsche, die die Hingabe degradieren, in solche Herzen kommt sie nicht. Asketische Nacktheit und Härte gefallen ihr nicht, noch die Unterdrückung tiefer Emotionen oder rigide Einengung der seelischen Schönheit und der Schönheit des Lebens.

Der vierte Aspekt, Mahasaraswati, bringt wiederum eine ganz andere Qualität der Kraft zum Ausdruck. Das ist eine Kraft, die verbunden ist mit Arbeit, mit Vervollkommnung, Perfektion, der Umsetzung in die Schöpfung im ganz Kleinen.

Man sagt, Mahasaraswati sei die jüngste all dieser Kräfte und sie sei handwerklich gewandt. Sie hat etwas mit dem ausführenden Handeln zu tun. Sie ist der physischen Welt am nächsten. Sie versteht es, die Verbindung zwischen einzelnen Teilen herzustellen und optimal zu kombinieren. Sie ist in ihrer Exaktheit unfehlbar. Sie ist genau in Bezug auf das Resultat und gleichzeitig bedacht auf das Wohlbefinden, das damit verbunden ist. Mahasaraswati hat mit Wissenschaft Berührung, mit Kunsthandwerk, mit Technik. Sie vermittelt ihr tiefes und präzises Wissen, das subtil und geduldig die Aktivitäten des *mind* intuitiv und auch akkurat arbeiten lässt. Es geht um eine präzise Handführung, wie zum Beispiel bei einem Kalligraphen – die Inspiration, die Pinselführung, das Resultat, all das gehört in ihren Bereich.

Wichtig ist ihr die Umsetzung in eine Perfektion, doch sie hat auch unendlich Geduld. Man kann immer wieder Fehler machen, das spielt keine Rolle. Aber es geht darum, auch das Beste, das Tiefste, das Perfekteste aus dem Menschen herauszuschöpfen. Sie ist unermüdlich, sorgfältig, effizient. Künstler werden mit ihr in Verbindung gebracht, aber auch Organisation, Administration.

Wenn sie die Transformation der Natur in Angriff nimmt, sind ihre Handlungen geschickt und akkurat und erscheinen dem Menschen in seiner Ungeduld oft als sehr langsam. Alles hat Raum in ihrer Aufmerksamkeit. Nichts ist zu klein oder zu gewöhnlich – ein wichtiger Aspekt. Sie arbeitet so lange, bis jedes Teil seine wahre Form gefunden hat, genau zum richtigen Zeitpunkt, am richtigen Ort.

Sie ist wohlwollend, bestärkend, insistierend und, wie schon erwähnt, auch nach wiederholtem Nichtgelingen geduldig, unterstützend, tragend. Was sie nicht toleriert, ist Doppelbödiges, Selbstüberhöhung, Selbstabwertung, das ist eine Energie, die der Kraft von Mahasaraswati zuwider läuft.

Mit ihrem strahlenden Lachen verjagt sie Schwere, Aufgebenwollen, Lahmwerden. Durch ihre Kraft fließt der weltliche Reichtum zusammen, sie orchestriert durch ihre Intuition die einfachsten und gewöhnlichsten Dinge, so dass sie wunderbar werden. Das kennen wir ja auch. Manchmal geht es um ganz einfache Dinge, die durch einen bestimmten Handgriff einen Zauber bekommen. Manchmal geht es zum Beispiel nur darum, in einen Raum *einen* Zweig zu stellen. Oder zu einem Menschen *ein* Wort zu sagen. Und das Gewöhnliche ist wie verzaubert. Das hat mit dieser Kraft zu tun.

Es geht darum, dass wir lernen, mit völlig neuen Augen auf das weibliche Prinzip zu schauen, es geht um ein Neuentdecken der Urweiblichkeit, und da stehen wir erst am Beginn. Ich vermute, dass in einem neuen Verständnis für das Alles aus dem ICH BIN heraus Ansätze zu finden sind. Das weibliche Prinzip ist nährend, tragend, achtsam – und ist in Liebe, mit allem, was ist.

Es könnte sein, dass diese vier Kräfte, die große Vision, die tiefe Weisheit darin, *diese* kriegerische Kraft, die Leidenschaft, in unserer Zeit gebraucht werden. Das Entdecken der Schönheit, das Erfahren dieser Süße in der Begegnung mit anderen Wesen, mit der Natur könnte helfen, dass wir Menschen der Materie wieder tiefen Respekt entgegenbringen.

Mit der Kraft von Mahakali könnte man Zauber in unsere teils trostlosen Städte bringen, indem man den Mut hat, das Hässliche und Zerstörerische wirklich zu benennen, und damit Raum schafft, dass Wandlung stattfinden kann. Masaraswati könnte uns helfen, die Dinge nicht in Schwere zu tun. Manche Menschen lässt das ja regelrecht verdörren. Es ist eine Lebenskunst, die Leichtigkeit und die Schönheit wieder zu entdecken, die darin liegt, Dinge langsam in die Form zu bringen. Das wäre eine weibliche Kraft der Umsetzung in unserem Alltag, das würde bedeuten, aus unserem unglaublichen Angestrengtsein auszusteigen. Mit dem Tun der Dinge in Leichtigkeit geht das Selbstverständnis einher, dass niemand wirklich etwas tut. Alles geschieht innerhalb eines Tanzes der Liebe.

Der vierte Aspekt bedeutet zum Beispiel, dass nichts zu klein, nichts zu gering ist; sowohl das größte Große wie das kleinste Kleine gehören in die Aufmerksamkeit, in die Liebe hinein. Nichts wird besonders auf- oder abgewertet, alles hat seinen Platz. Und das erlebe ich ganz praktisch in diesem ICH BIN, in diesem Gewahrsein, wie ich mehr und mehr diese Schöpfung, diese Welt, dieses Universum in mir empfinde. Das ist nicht Theorie, das ist Erfahrung.

So entstand auch die Idee zu dem Projekt *Ein Lächeln und 10 Cent für eine Welt*. Wenn ich von einem Lächeln spreche, von diesem Innehalten, von diesem Lauschen auf das im Universellen eingetauchte Sein, dann wirkt daraus die größte Heilkraft. Daraus werden Impulse und Ideen erwachsen, Einsichten geboren, es werden zum Beispiel neue Energiequellen gefunden, neue Lebenszusammenhänge daraus entstehen.

Die andere Seite verlangt aber *auch* nach einem Ausdruck, das wären dann die 10 Cent. Ein Lächeln und 10 Cent. Wir hier im Westen leben im Vergleich zu anderen Ländern im Süden in großem Überfluss. Wir brauchen nicht so viel und müssen lernen zu teilen. Die Erde hat die Kapazität, genug für alle Wesen hervorzubringen, und es ist eine Frage der Verteilung, nicht eine Frage der Produktion, ob Menschen hungern müssen.

> Und wenn ich all meine Habe den Armen gäbe und hätte der Liebe nicht, so wäre mir's nichts nütze.
>
> *1. Korinther, 13*

Es gibt einen wunderbaren Zen-Spruch: Wenn Seele still, ganzer Mensch still, dann Weltfrieden. Das Gewahrsein, das So-Sein, das in tiefster Stille wurzelt, zeigen sich als innerer Frieden, offenbaren sich als Liebe, die wirklich bedingungslos ist, als Klarheit, als Licht. Diese Dimension bewegt wirklich, bewirkt wirklich. Sie führt in das nächste Holon, ins universelle Bewusstsein, hinein. Das heißt aber nicht, dass dieses Bewusstsein auf der nächsten Ebene nicht auch einen Ausdruck finden möchte, und ich denke, dass *ein Lächeln und 10 Cent für eine Welt* vielleicht noch ein unbeholfener Anfang ist, aber eben ein Anfang.

Und so versuche ich zum Beispiel in der Villa Unspunnen auf jeder Tätigkeitsebene aus dem So-Sein heraus zu »wirken«, konkret heißt das: Wie führe ich eine Verwaltungsratsitzung, wie gehen wir im Team miteinander um, werden die verschiedenen Aufgabenbereiche tatsächlich gleichwertig respektiert, sind wir präsent, wenn wir ein Zimmer putzen, sind wir in Kontakt mit dem Leben im Garten? Es geht um die Liebe für alles, in allem. So-Sein bedeutet bis ins Detail, das Leben in Liebe zu führen.

Besonders in der Entwicklung von uns Frauen ist ein genaues Hinschauen wichtig, damit die Liebe nicht mit Anhaftung verwechselt wird. In dieser Anhaftung spiegelt sich sicher auch eine Qualität, das In-Bezug-Sein, in der Wilberschen Terminologie die Kommunion.

Anhaftung hat mit dem Newtonschen Weltbild zu tun: Ich und mein Sohn, ich und meine Tochter – das ist gegenständliches Bewusstsein. Wenn die Einsicht in das, was wirklich ist, tiefer wird, dann entlastet das und die Anhaftung wird transparenter, die Gegenstände werden in sich transparenter.

Ich habe das ganz deutlich mit meiner Tochter erlebt. Es war für mich eine ganz schmerzvolle Zeit, als sie und mein Sohn aus dem Hause gingen. Beide gingen fast gleichzeitig, aber bei meiner Tochter war ein unglaublicher Schmerz in mir. Es war, als würden mir meine Eingeweide, mein Herz, mein Innerstes herausgerissen. Eine Woche lang habe ich wirklich in einem Maße gelitten, wie ich es gar nicht kannte. Bis ich plötzlich in der Meditation verstand: nicht-zwei. Es trennt, es ändert sich gar nichts. So verschob sich meine Wahrnehmung, und dann war das überhaupt kein Thema mehr.

Das ist genau dieser Wechsel, wo etwas frei werden kann, indem eine andere Ebene sichtbar wird. Meine Tochter und ich, beides ist Leben, beides ist verbunden, und wir bleiben immer verbunden, so wie wir mit der ganzen Menschheit verbunden sind. Damit kommt sie auch an den richtigen Platz.

Natürlich bin ich auf der relativen Ebene die Mutter und sie ist meine Tochter und er ist mein Sohn. Das ist in einer Weise, auf dieser relativen Bewusstseinsebene, schon etwas Besonderes. Jetzt kommt aber die andere Ebene dazu und die gibt Weite. So kann eine Liebe entstehen auch für andere junge Menschen, die »eigenen« Kinder sind dann gleichsam eingeordnet in alle Menschen.

Ich las einmal, dass man von Anhaftung frei sei, wenn man jedes Kind gleich betrachtet, ob es das eigene ist oder nicht. Ich beobachtete mich dann eine Zeit lang genau. Empfand ich es anders, wenn das Nachbarkind krank wurde oder wenn mein Kind krank wurde? Und es war nicht genau dasselbe, aber ich merkte, wie sich das im Wirken des ICH BIN verschob.

Natürlich ist meine Tochter meine Tochter, und ebenso habe ich Mitgefühl für andere Menschen. Und trotzdem bleibt sie meine Tochter.

Wenn du auf dieser Ebene nicht in Bezug zu deiner Tochter gewesen wärst, dann wären ihr keine Flügel gewachsen. Und das ist ein Aspekt, der zutiefst abgewertet wird, aber das ist es, was Menschlichkeit ausmacht.

Das ist so wichtig. Auch dazu zu stehen ...

Dann geht das Graue aus der Anhaftung, und es ist wieder ein gesunder, natürlicher Prozess, der notwendig war, gelebt zu werden.

Mehr noch, er gehört zum Leben!

Das entspricht dem Verständnis, dass wir multidimensionale Menschen sind. Und diese Beziehungsebene hat ihren Platz, sie gehört zum Leben, wie die andere Ebene, die darüber hinausgeht, auch zum Leben gehört.

In spirituellen Gruppen ist das aber oft durchaus nicht selbstverständlich.

Was da passiert! Zum Beispiel kam jemand zu mir, der jahrelang in einer spirituellen Gruppe gewesen war und dann mit gewissen Dingen, die da passiert sind, nicht mehr einverstanden war. Er hat das artikuliert und wurde dann einfach ignoriert – das ging von heute auf morgen; Schnitt, und mit diesem Menschen wurde nicht mehr gesprochen, obwohl sie schon zehn Jahre lang zusammen meditierten.

Ich sehe in einigen spirituellen Gruppen, dass das auf diese Art und Weise läuft. Man hat offensichtlich das Gefühl, Menschen, die nicht mit allem einverstanden sind, seien nicht mehr auf dem richtigen Pfad, also will man gar nichts mehr mit ihnen zu tun haben und wendet sich um 180 Grad ab, und es ist, als wäre auf der Ebene der Kommunion etwas abgeschnitten.

Auf eine bestimmte Weise stimmt das nicht. Ein Mensch kann sich zum Beispiel darüber klar werden, dass er gehen muss. Auf der Ebene des So-Seins stehen wir in untrennbarer Verbindung. Es ist nicht möglich, sich wirklich abzuschneiden. In einem Verständnis von Getrenntsein ist das möglich, aber auf einer bestimmten Entwicklungsebene ist das nicht mehr möglich. Die Liebe bleibt, und das drückt sich *auch* in der relativen Ebene aus.

Wir kennen das ebenso aus anderen Lebenszusammenhängen – man teilt mit einer Freundin ein Stück Lebensweg, und dann trennen sich die Wege. Und wer weiß, vielleicht trifft man sich in zwanzig Jahren wieder, vielleicht auch nicht. Aber es gibt eine Art des Übergangs, die menschlich ist, die nicht alles abschneidet, als hätte man zehn Jahre überhaupt nichts miteinander zu tun gehabt. Wir haben eine gewisse Zeit miteinander verbracht, das wird respektiert, und dann lässt man den anderen in der Weite des Herzens gehen.

An diesem Punkt des menschlichen Miteinanders gibt es oft ein Missverständnis, wird die weibliche Seite, dieses Menschsein, abgewertet. Natürlich ist es manchmal notwendig, ganz klar zu sein, radikal zu sein, so dass keine Vermischungen stattfinden. Aber es gibt eine Art und Weise, diese Klarheit mit einer Herzensqualität umzusetzen, die nicht verletzt. Und ich beobachte, wie in spirituellen Gruppen dieser Aspekt der weiblichen Seite rausfällt und abgewertet wird. Ich habe das jetzt oft gehört, und mir selbst ist es ja auch passiert. Es ist, als ob es in einer ernsthaften spirituellen Gruppe nicht menschlich sein dürfte, als gehörte das nicht dazu, als könnte das Menschliche verunreinigen, von den hehren Zielen ablenken, Schaden bringen.

Ich denke, da sind unreflektierte, unbewusste alte Verhaltensmuster gegenüber dem weiblichen Prinzip wirksam. Auf diese Weise machen wir uns die Welt klein. Wenn wir im Gewahrsein, in diesem So-Sein einfach schwingen, dann haben die Klarheit, die Herzensgüte, die Herzensweite, der offene Raum – beide Achsen in ihrer Dimension und in ihrer Fülle – wirklich Platz. Wenn wir das Weibliche beschneiden, beschneiden wir zugleich auch das Männliche und umgekehrt, beides ist unabdingbar miteinander verbunden. Beide Dimensionen ganz zuzulassen, in ihrer Tiefe und Weite, in ihrem Sichtbaren und Unsichtbaren, das ist eine wichtige Aufgabe der heutigen Zeit.

Vielleicht wirken in diesen abgrenzenden Verhaltensweisen alte Bilder von Askese, die noch immer mit spirituellem Leben verbunden werden, dass wir das Göttliche nur erreichen können, wenn wir uns enthalten, entwerten, Entbehrungen leiden, asketische Übungen praktizieren. Das »Entwerden« wird dabei gleichsam auch auf die grobstoffliche Ebene verlagert.

Im neuen Verständnis ist Entwerdung das Aufgehen des kleinen Ichs im großen, und das geschieht unmittelbar in jedem Moment des Selbstversunkenseins. In den Vorstellungen von Askese spiegelt sich die Spaltung von Geist und Materie, man entsagt allem Materiellen, allem Körperlichen, allem Weltlichen. Das schwingt natürlich nach und beschneidet das Leben. Jeder kann auf jeder Ebene für sich selbst ausloten, wo dieses asketische Prinzip noch anschlägt

Wir dürfen das Leben genießen, wir dürfen uns dieses Daseins erfreuen. Die Welt ist aus einem Akt der Liebe entstanden, das kann man nicht genug betonen. Sie ist nicht als Jammertal erschaffen worden, um die Menschen auf die Probe zu stellen, in Versuchung zu führen, und was es da an schweren Bildern noch gibt. Da bin ich wirklich sehr dankbar über unsere Tradition und ihr Verständnis, dass die Welt aus einem Akt der Liebe entstanden ist.

Also wir können spirituell und lustig sein?

Ja natürlich! Im Zen oder auch im Tai Ji wird oft vom inneren Lächeln, von Gelassenheit und Heiterkeit gesprochen. Das ist dort etwas vornehm gesagt, wir können es auch wilder und weiter ausdrücken, Spiritualität und Lachen – unbedingt. Es gibt bestimmt noch weitere solcher scheinbaren Gegensatzpaare. Am Anfang auf dem Weg sind die meisten von uns so ernsthaft und wollen zutiefst wahrhaftig sein. Wir wissen es nicht besser und es hat sicher seinen Zweck, aber wir entwickeln uns und bekommen ein anderes Verständnis.

Wenn wir noch einmal die verschiedenen Meme betrachten, so kann es ja für manche Menschen durchaus sinnvoll sein, einem Pfad zu folgen, es gilt, nichts zu bewerten. Heute ist nur die Einsicht da, dass es leichter gehen kann. Die Menschheit hat genug gelitten. Wollen wir immer noch mehr leiden? Das muss nicht sein. Ich erlebe die Welt, das Dasein zu neunzig Prozent in tiefster Freude, in einem Farbenspiel, in einer Weite, in einer Kraft der Schönheit, das ist unbeschreiblich.

Jeder Aspekt ist Fülle des Lebens, Schönheit des Lebens. Da wird wie in den alten Schriften jeder Atemzug eine Lobpreisung. Das klingt vielleicht ein bisschen geschwollen, aber das Gewahrsein hat die Qualität der Lobpreisung. Man dankt wirklich – dritte Rose im Traum –, etwas dankt für jeden Ausdruck auf jeder Ebene. ES betrachtet sich selbst durch ES. So ist es. Und das ist ganz einfach, gewöhnlich. Im So-Sein. Das ist nur eine Frage der Sicht.

> Das ist das Wunder eines »Wir«, die Begegnung im Herzen des Kosmos, wo alle bewussten Wesen sich von innen her kennen und miteinander in lebendiger Resonanz schwingen … Vertieft man sich in die eigene Unendlichkeit, werden die kleineren Ichs und die Ansprüche aufgehoben, in einer Öffnung zum eigenen wahren Selbst, zum ursprünglichen Antlitz, welches nichts anderes ist als die radikal Erste Person des gesamten Kosmos, die Erste Person, welche aus allen ersten Personen schaut, hoch oder niedrig, heilig oder profan.
> Wenn man sich in die unendliche Tiefe des eigenen ursprünglichen Bewusstseins entspannt, dann umfasst der Kreis der Fürsorge immer mehr »Wirs«, immer mehr zweite Personen, in welchen man den GEIST leuchten sieht, in welchen man das Leuchten der ersten Person erkennt, einen Gott rufen hört und die Gnade

> einer Göttin fühlt. Mit dem Ausdehnen der »Wirs« werden nicht nur die anderen Seelen aufgenommen, sondern auch deren niedrigere Verkörperungen und jammervollen Begegnungen, so lange, bis der Kreis der Fürsorge alle bewussten Wesen als solche umfasst, ein leuchtender innerer Strahl liebenden Lichts, welcher gleichzeitig alle Herzen mit einer ekstatischen Intimität von innen her berührt.
> *Ken Wilber*[*]

---

[*] Ken Wilber, Auszug einer Internetveröffentlichung, www.shambhala.com, 2003, Übersetzung Michael Habecker, Zitat gekürzt

Ich musste noch Leerkassetten nachkaufen, und Annette hatte Lust, sich zu bewegen, also machten wir gemeinsam einen kleinen Nachmittagsspaziergang in der Umgebung unserer Bungalows. Meine Suche erwies sich als ein längerfristiges Unterfangen, so dass Annettes Bewegungsdrang sich in Fülle entfalten konnte, was unter der griechischen Sonne, auch wenn sie schon herbstlich gemildert war, doch den Schritt etwas verlangsamte – zumindest auf der relativen Ebene …

Annette wollte am nächsten Tag über spirituellen Materialismus sprechen, und während wir liefen, unterhielten wir uns darüber.

»Hier wird ja Schweizerdeutsch gesprochen«, hörten wir plötzlich hinter einem Gartenzaun.

Wir wurden sehr freundlich zum Tee auf der Terrasse eingeladen und hörten eine unglückliche Lebensgeschichte, auf der ein großer, spiritueller Überbau saß. Der half dem Unglück wenig. Im Gegenteil.

Annette nahm im Verborgenen das traurige Herz in das ihre. Im Sichtbaren gab sie sich redlich Mühe, etwas Frohsinn mit in die Tassen zu gießen, stieß aber auf erbitterten Widerstand. Alles sehr spirituell, versteht sich.

Nur der Garten, der war in Liebe getaucht. Also machten wir einen ausgiebigen Rundgang, ich mit meinen Kassetten für den spirituellen Materialismus in der Hand, Annette mit einer Plastiktüte, in die die etwas sauren Früchte wanderten.

Über Wochen noch hielten wir unsere Gastgeberin im Gebet. Wie es ihr wohl ergangen ist?

*I*ch sehe in meiner Umgebung und in anderen Gruppierungen, dass so etwas wie »spiritueller Materialismus« im Moment ein Thema ist. Den Ausdruck prägte Trungpa Rinpoche* bereits in den 70er Jahren in den USA, und ich möchte gerne ein paar Punkte seines Ansatzes aufgreifen.

Kernstück des spirituellen Materialismus ist, dass der Mensch von einem Selbst als einer beständigen und festen Größe ausgeht: die große Illusion, von der ich schon auf den unterschiedlichsten Ebenen gesprochen habe. Man gestaltet sein ganzes Leben, um dieses Selbst zu sichern, zu nähren, zu beobachten, und zu kontrollieren, damit nichts Unvorhergesehenes passiert.

Man baut Mauern um sich, zuerst ein Zimmer, dann wird es ein Haus, man sichert sich mit Lebens- und allen möglichen anderen Versicherungen ab. Man will dieses als fest und beständig wahrgenommene Selbst um jeden Preis schützen. Im tibetischen Buddhismus nennt man diesen Mechanismus die Drei Herren des Materialismus.

Der erste wird »Herr der Form«, der zweite »Herr der Sprache« und der dritte »Herr des Geistes« genannt. Das ist natürlich noch alte Sprache, aber wir nehmen sie hier jetzt einmal.

Es geht beim Herrn der Form um die neurotische Suche nach physischer Bequemlichkeit, Sicherheit und Vergnügen. Der Herr der Form möchte – in physischer Hinsicht – diese reiche und gesicherte Lebenssituation, und daraus erwächst der Ver-

---

* Chögyam Trungpa, *Spirituellen Materialismus durchschneiden*, Berlin: Theseus Verlag, 1999

such, die Natur beherrschen zu wollen. Der Ehrgeiz des Egos ist es, sich selbst abzusichern und zu unterhalten und jeglicher Verunsicherung aus dem Wege zu gehen. Daraus entstehen dann ein Klammern an Besitz, das Verlangen nach Vergnügen, die Furcht vor Veränderungen und das Bauen eines »Nestes« im Leben, in dem sich die Eigenheiten austoben können.

Trungpa Rinpoche verwendet das Wort »neurotische Suche«. Neurotisch ist ein sehr starkes Wort; wahrscheinlich war er ein feuriger, temperamentvoller Mensch. Neurotisch im Sinne von verdrehter, falscher Wahrnehmung.

Der Herr der Sprache verweist auf den Gebrauch des Intellekts in unserer Beziehung zur Welt. Wir schaffen Begriffe und Kategorien, damit wir eine Methode zur Beherrschung von Phänomenen an der Hand haben, um das, was uns im Leben geschieht, zu kategorisieren, festzuhalten, in Ideologien zu verpacken, in gedankliche Systeme hineinzuschachteln. Um eine Weltanschauung zu fabrizieren, das Leben zu rationalisieren, zu rechtfertigen und zu bestätigen. Der Herr der Sprache versorgt uns mit Identität, mit Verhaltensregeln und Deutungen, wie und warum die Dinge so geschehen, wie sie geschehen. Er setzt begriffliche Konzepte als Filter ein, um die direkte, nackte, unmittelbare Wahrnehmung, also das, was ist, nicht zu sehen, abzuschirmen oder abzufedern. Das kennen wir alle, man kann das sehr gut nachvollziehen.

Diese Konzepte werden natürlich sehr ernst genommen und dienen uns als Werkzeuge, um unsere Weltsicht und unser Selbstbild immer weiter zu verfestigen.

Der Herr des Geistes bezieht sich auf die Anstrengung des Bewusstseins, seiner selbst gewahr zu werden. Der Herr des Geistes herrscht dann, wenn wir spirituelle und psychologische Techniken als Mittel verwenden, um unser Selbstbewusstsein zu bewahren, an unserem Gefühl von einem Selbst festzuhalten und es nicht zu transzendieren. Das Ego ist in der Lage, alles, selbst die Spiritualität, zu seinem eigenen Nutzen umzuwerten.

Ich übte zum Beispiel eine Zeit lang im Rahmen des tibetischen Buddhismus und widmete mich vor allem dem Nyöndro, der Dorje-Sempa-Meditation, das ist eine Reinigungspraxis. Durch die Visualisierungen, durch die Vorträge vieler Lamas und durch Einweihungen in diese Bereiche lernte ich, im Alltag Menschen als Buddha-Aspekte zu visualisieren. Das hat mir sehr geholfen, mich zu stabilisieren. Ich war jemand, die es nicht so leicht hatte mit dieser Welt; ich bin mehr gefühlsbetont und kam mit der Verstandeswelt nicht so zurecht; und diese Methoden halfen mir, ruhig zu werden. Sie hatten einen positiven Aspekt, um einen klareren inneren Stand zu bekommen, aber sie gaben mir auch die Möglichkeit, mittels der Visualisierungen leicht zu tricksen, was Ich-verstärkend war. Das lag nicht an der Methode, sondern wie das Ich sich – zunächst unbewusst – ihrer bediente. Darum hatte ich dann so große Angst bei der Begegnung mit Frau Tweedie, weil ich wusste, dass es da substanziell wird, dass es um Transformation – dem Aufgehen des Ich in etwas Größerem – geht. Das kleine Ich löst sich nicht einfach durch eine Verschiebung auf der horizontalen Ebene auf.

Es kann geschehen, dass eine spirituelle Praxis dem Menschen eine neue Identität gibt. Ich bin jetzt Buddhistin, ich bin jetzt Sufi, ich bin jetzt im Zen, ich bin Peacemaker oder was auch immer. Man muss *sehr* genau hinschauen, ob das Ich sich nicht wieder eine neue Festung baut, in der die wirkliche Transformation, das Aufgehen in etwas Größerem, verhindert wird.

Eine Praxis kann einem so zu einer zweiten Haut werden, dass ein neues Ich-Gefühl daraus erwächst. Da muss man sehr,

sehr genau hinschauen – bin ich von einer Praxis abhängig geworden, das heißt, habe ich zum Beispiel ein fürchterlich schlechtes Gefühl, wenn ich sie nicht mache?

Wenn man erst mit einer Praxis beginnt, zum Beispiel mit der Meditation, dann kann man all diese Worte vergessen, weil es da wichtig ist, sich *ganz* einzulassen. Aber wenn man sich lange Zeit eingelassen hat, besteht die Gefahr, dass man dort stecken bleibt, weil das Lebensgefühl nun von einer Praxis abhängig geworden ist. Und das ist nicht Sinn der Praxis. Sinn der Praxis ist es, den Menschen in die Freiheit zu führen. Die Praxis ist nichts anderes als eine Art Medizin, die der Mensch so lange nimmt, bis er in Kontakt mit seinem natürlichen Zustand kommt, in dem keine Medizin mehr nötig ist. Das ist natürlich nicht linear zu sehen, im Sinne von: Ich habe zehn Jahre meditiert, also brauche ich die Medizin nicht mehr. Die innere Erfahrung von ICH BIN und das äußere Wahrnehmen sind nicht mehr zwei, also brauche ich jetzt keine Praxis mehr. Kann sein, kann nicht sein.

Da geht es um ein stetes Überprüfen dessen, was angesagt ist. Wir sind frei.

Ich persönlich meditiere inzwischen, wenn ich das Bedürfnis habe, zu meditieren. Ich habe jahrelang täglich meditiert. Dann habe ich ausprobiert, nicht zu meditieren, einfach um zu sehen, wie es sich so lebt. Ich wollte wissen, ob ich unbewusst in eine Abhängigkeit oder in ein Anhaften hineingeraten bin. Ich weiß mit absoluter innerer Gewissheit, dass Leben in Essenz spontan und natürlich ist, ob mit oder ohne Meditation.

Es gab früher diesen Gegensatz von ich und niemand, vom Ich, das zum Niemand wird – ich meditiere, niemand hat eine Erleuchtung. Im heutigen Verständnis geht es nicht mehr um diese Gegensätze – die sehr wohl da sind und durchschritten werden wollen –, sondern es geht um ein tieferes Durchdringen dessen, was *ich* letztlich meint – Einklang.

Ein spiritueller Weg führt den Menschen in sein eigenes Licht. Wir stehen in einer vollkommenen Eigenverantwortung, müssen das Gleichgewicht auf allen Ebenen selbst empfinden und herausfinden, was für uns richtig ist.

Diese Eigenverantwortung betrifft natürlich nicht nur die Praxis, die Übungen, sondern auch die Begegnung mit dem Lehrer, der Lehrerin.

Auch in diesem Bereich kann es um spirituellen Materialismus gehen. Wenn die Praxis materiell wird, sich verfestigt im alten Sinne des Verständnisses von materiell, kann bezüglich des Lehrers ein ähnlicher Prozess geschehen – die Verantwortung für das Leben wird an den Lehrer, die Lehrerin abgegeben.

Wir haben in unserer Sufi-Tradition sehr genaue Anweisungen bekommen. Erst einmal gilt, dass der Schüler der Lehrerin sehr genau zuhört, ganz genau lauscht, versucht, auf eine Weise zu lauschen, dass die eigenen Konzepte nicht zu einer Verzerrung des Gesagten beitragen. Man lauscht.

Als zweite Anweisung gilt, das Gehörte im eigenen Herzen zu überprüfen. Ich möchte an dieser Stelle noch einmal betonen, dass *jeder* Weg, der ernsthaft und wahrhaftig begangen wird, zum Ziel führt, darauf können wir wirklich vertrauen. Wenn wir wahrhaftig und ehrlich das Gesagte überprüfen, können wir nicht fehl gehen. Aber wir müssen es überprüfen. Es ist ein dynamisches Zusammenspiel von Lehrerin und Schüler, weil ein wirklicher Lehrer absichtslos ist, keine eigenen Interessen mit seinen Aussagen verfolgt, und dadurch ist sein Spiegel klar. Er kann der Schülerin etwas reflektieren, was diese nicht sehen kann.

Wenn der Schüler das jetzt aber einfach so direkt übernimmt, dann ist das eine unerwachsene Art der Beziehung. Die Schülerin muss die Situation im eigenen Herz überprüfen, weil der eigene Reifungsprozess erst dann wirklich vollzogen werden kann, wenn im eigenen Inneren das von außen Gesagte aufgenommen, angeschaut und mit dem eigenen, inneren Licht beleuchtet wird. Erst dann kann es in der richtigen Art und Weise wirken. Wir können die Verantwortung für unser eigenes Sein nicht einfach abgeben.

In diesem Jahr war Willigis Jäger bei uns in der Villa Unspunnen und hielt ein Meditationsseminar. Am Ende gab es eine christliche Feier, eine Art Messe. Er selbst darf die Segnung des Brotes und des Weines nicht mehr vollziehen, also nannte man es »Feier des Lebens«, und Beatrice Grimm führte dieses Ritual durch. Und indem Beatrice Grimm das vollzog, habe ich wirklich begriffen, dass wir heutigen Menschen an der Schwelle stehen, wo wir die Segnung selbst vollziehen können. Die Priester werden überflüssig. Vermutlich nicht sofort, weil es immer noch Brücken zu schlagen gibt und noch nicht alle Bewusstseinsebenen zur Verfügung stehen, da gibt es sicher noch viel zu tun, aber in der Essenz, da wir ja göttliche Wesen sind, segnen wir das menschliche Dasein. Das ist die Richtung, in der wir uns bewegen. Deswegen wird vielleicht das Lehren eines Tages gar nicht mehr gebraucht – das wäre die größte Freude.

Du hast von der Gefahr gesprochen, dass das Ich einfach auf der horizontalen Ebene verschoben wird, also dass die neuen, spirituellen Inhalte in den alten Mustern weiterleben. Das grundsätzliche Muster hat sich damit nicht geändert, nur die Inhalte. Es ist das biblische Bild vom neuen Wein in den alten Schläuchen, Ken Wilber nennt es die Translation. Wie leicht ist es denn, bei sich selbst die Translation von der Transformation zu unterscheiden?

Es ist ganz einfach. Zum Beispiel gab es in unserer Generation eine Zeit, in der wir politisch engagiert waren, danach wurden wir grün und umweltbewusst, dann verflachte auch da die Begeisterung, also gingen wir in die Spiritualität und wurden eben Buddhisten oder wie immer wir uns bezeichnen. Die Gefahr ist, dass das Selbst sich wieder neu bestätigt, wieder neu definiert. Dass keine Transformation stattgefunden hat, kann man daran merken, wenn man immer neues Futter braucht. Plötzlich fühlt man sich wieder leer oder in einem Zustand des Mangels und sucht wieder im Außen.

Zur Translation gesellen sich oft auch etwas regressive Elemente.

Gegenwärtig leben wir in einer verstandorientierten Zeit und wissen, dass wir dieses rationale Prinzip transzendieren müssen. Manchmal kann es passieren, dass der Verstand durch das Wissen, dass dieses Prinzip transformiert werden muss, völlig ausgeschaltet wird. Das ist Regression in die vorrationale Stufe, darum geht es nun wirklich nicht. Die Vernunft gehört nicht ausgeschaltet, sondern an den richtigen Platz – das ist Transformation. Das Ausschalten des gesunden Menschenverstandes ist Regression.

So wird durchaus und mit großer Ernsthaftigkeit unter manchen Buddhisten diskutiert, welcher Pfad denn nun besser sei: Theravada, Zen oder tibetischer Buddhismus. Es spielen sich dieselben Mechanismen ab, die wir kennen: Vergleich, Konkurrenz, Erreichen-Wollen und Konflikte.

Das haben wir ja selbst erlebt in unserer Tradition.

Frau Tweedie autorisierte zwei Lehrer, und der eine Lehrer definiert sich in dem Sinne, dass er den wahren Pfad verkörpert. Es kann vorkommen, dass einfach so ausgesprochen wird, dieser spezielle Weg führe schneller zur Wahrheit, dieser Pfad sei der wahre Pfad und nur er garantiere den Weg zu Wahrheit.

Das trifft alle Ängste.

Natürlich löst so etwas bei vielen wahrhaft suchenden Menschen Angst aus. Es ist eine uralte Angst, kollektiv aus mittelalterlichen Zeiten übernommen – nicht auserwählt zu sein. Die Angst, nicht genug für den Pfad getan zu haben oder das Ziel nur zu erreichen, wenn ich ganz genau diese Schritte mache. Die Angst, dass man das Paradies verfehlt. Diese Ängste sind sehr verständlich. Nur – das ist spiritueller Materialismus.

Es kann durchaus auch zwischen Lehrern Konflikte geben. Früher dachte ich, wenn *das* bei diesen hohen Lehrern passiert, dann kann etwas nicht stimmen. Heute habe ich verstanden, dass eben auch in spirituellen Bereichen Konflikte bestehen können. Man muss sie einfach als das sehen, was sie sind – menschliche Konflikte, nicht mehr, nicht weniger. Die spirituellen Lehren, die diese Lehrer vermitteln, haben trotzdem ihren Wert.

Der Herr des Geistes hat also ein weites Spielfeld, er bringt das Ego dazu, sogar die Spiritualität noch zum eigenen Nutzen umzudeuten. Trungpa Rinpoche beschreibt das noch genauer: Wenn wir zum Beispiel eine uns besonders zuträgliche Meditationstechnik erlernt haben, dann betrachtet das Ego diese zunächst als faszinierendes Objekt und untersucht sie genauestens. Da das Ego dann aber natürlich nichts wirklich Greifbares findet, kann es vorkommen, dass es sich über eine Art der Nachahmung das holen will, was es anders nicht fassen kann. Die Nachahmung kann darin liegen, nun besonders heilig zu sein, alles besonders richtig zu machen.

Etwas Ähnliches kann auch auf Erfahrungen bezogen geschehen. Mystische Erfahrungen geschehen einfach, und an sich ist in ihnen kein Egoanteil enthalten. Das Ego kann nur nachahmen, es kann nicht selbst erfahren. Das Ego neigt aber dazu, sich diese Erfahrung unter den Nagel zu reißen. Das steht immer auf Messers Schneide. Einerseits ist es wichtig, dass das Bewusstsein die Erfahrung klar wahrnimmt. Es gibt eine Tendenz, Erfahrungen gar nicht klar wahrzunehmen, weil das Ego des Menschen sich selbst diese Dimension nicht zugesteht. Andererseits kann sich dann das Ego einschleichen: Ich hatte diese Erfahrung, ich bin auf dieser Stufe, ich hatte diesen Zustand. Wenn man sich darauf gegenständlich bezieht, entsteht ein Hindernis.

Dasselbe mit der Lehrerin, dem Lehrer. Wenn wir einen Lehrer finden, dann hoffen wir, einen Heiligen zu finden, der friedlich und still, einfach und doch weise ist. Wenn wir feststellen, dass er diesen Erwartungen nicht entspricht, sind wir enttäuscht und beginnen zu zweifeln. Aber es geht darum, sämtliche vorgefassten Meinungen aufzugeben. Alles wird einem entzogen, entzogen, entzogen.

> Ich habe Ihnen nichts gegeben,
> aber hoffentlich etwas weggenommen.
>
> *Nagaya Roshi*[*]

Wir trennen leicht spezielle, »heilige« Momente vom Alltäglichen. Erscheint uns eine Situation als besonders heilig, zum Beispiel eine Initiation, im Gegensatz zum Aufstehen am Morgen, dann spalten wir auf sehr subtile Weise, wobei der Punkt nicht der heilige Moment ist, sondern die Trennung,

---

[*] Tetsuo Nagaya Kiichi Roshi, a. a. O., S 98

der Gegensatz. Natürlich gibt es Momente, in denen man mehr inspiriert ist als in anderen. In der heutigen Zeit ist es wichtig, dass alle Menschen, die in Kontakt gekommen sind mit diesem Heil-Sein, mit diesem Hauch des Heiligen, erkennen, dass das in *jedem* Augenblick IST, ob wir im Bad sind, ob wir abwaschen, ob wir einen heiligen Text lesen, ob wir einen Spaziergang machen. Alles ist *in sich* heil, und das ist der große Schritt, der heute geschehen kann. Alles, jedes Ding, ist eine Einladung in das, was ist.

Wenn wir etwas für außergewöhnlich halten, wird es zu etwas von uns Getrenntem. Alles ist außergewöhnlich, hat Ana Suja Devi gesagt, oder nichts ist außergewöhnlich, alles ist gewöhnlich. Dieses Hin-und-her-Springen, das ist die Spaltung. Dem einen messen wir große Bedeutung zu, anderes fällt entwertet hinten runter. Ein gutes Kriterium, sich selbst zu überprüfen, ist die Bewertung. Wo Bewertung ist, gibt es Spaltung und ist nicht mehr reines Gewahrsein, ist nicht mehr So-Sein. Gewahrsein umfängt alles, hält alles und unterscheidet trotzdem sehr genau, was was ist. Bewertung entsteht aus Angst, von etwas getrennt zu werden. Und gerade dadurch bleiben wir getrennt.

Wir sehen eine plötzliche Inspiration als außerordentlich bedeutsam an, weil wir fürchten, sie wieder zu verlieren. Genau an diesem Punkt setzt die Selbsttäuschung ein. Wir haben den Glauben an die Erfahrung von Offenheit und an ihre Verbindung mit uns verloren. Wir haben das Wissen verloren, dass wir Leben *sind*, dass wir göttliche Wesen sind. In diesem ICH BIN müssen wir nichts gewinnen und können wir nichts verlieren. Das Leben in sich ist Fülle. Es birgt in jedem Augenblick Inspiration in einer unglaublichen Fülle.

Somit ist jeder Moment ständige Unsicherheit. In den alten Schriften spricht man von der »Weisheit der Unsicherheit«, dieser vollkommenen Offenheit in jedem Moment. Weisheit der Unsicherheit – tiefe Gewissheit und ständiges Offensein in jedem Moment, in jeder Sekunde, in Zeit und Raum, außerhalb von Zeit und Raum.

Das meint Frau Tweedie mit: »Ich fand keinen Platz mehr, um meine Füße abzustellen.« Mechthild von Magdeburg hat gesagt: »Ich bin wie das Blatt im Wind.« Sicherheit gibt es nicht. Es gibt nur diese Sicherheit hier und jetzt.

> Das Sicherste
> ist
> Jetzt-Hier
>
> *Nagaya Roshi*[*]

Mit Offensein ist nicht gemeint, dass man herumläuft und alles mit sich machen lässt, überhaupt nicht. Offenheit bedeutet, dass man frei ist, in der jeweiligen Situation so zu reagieren, wie sie es verlangt. Für sich selbst will man aus dieser Situation nichts. Offenheit bedeutet, das zu sein, was man ist, da schwingt natürlich wieder die spezifische Alchemie eines Menschen hinein.

Trungpa Rinpoche kritisiert im hier angesprochenen Zusammenhang, dass oft zu viel Aufmerksamkeit auf den inneren Weg gelenkt wird, dass daraus dann zu viel Arbeit an sich selbst resultiert. Eine nach innen gerichtete Konzentration, die das Gleichgewicht in der Lebensweise gefährden kann. Er bevorzugt es, von einem offenen Weg zu sprechen. »Wir müssen die Paranoia aufgeben, irgendwelchen Situationen nicht gewachsen zu sein oder daran zu scheitern. Wir stellen uns so auf das Leben ein, wie es ist. Immer wieder.«

---

[*] ebenda, S. 20

Die Weisheit offenbart sich genau in diesem So-Sein, dem spontan aus sich selbst heraus existierenden Bewusstsein. Wir brauchen diese Offenheit und auch diese positive Einstellung zu uns selbst.

Mit positiver Einstellung meine ich, dass wir im GUT-Sein verankert sind. Das Gewahrsein ist letztlich Menschsein. Ich kann dann sagen: Ich meditiere jeden Augenblick. Oder ich kann einfach sagen: Ich lebe. Ich bin Mensch im tiefsten Sinne des Wortes. Es gibt keine Spaltung mehr, aus der heraus ich mich am Morgen zum Meditieren hinsetze – wobei es durchaus sein kann, dass ich mich hinsetze –, aber ich erfahre den Alltag als Meditation, oder anders ausgedrückt, jeder Augenblick im Alltag ist Meditation.

Frau Tweedie hat uns immer gesagt, es gehe auf dem ganzen Pfad nur darum, Mensch zu werden. Aus diesem So-Sein heraus kann jede Handlung durch ihre Einfachheit und Direktheit in Schönheit und Würde erstrahlen. Sie ist nichts Besonderes und gleichzeitig ist sie absolut besonders.

Dies nun in alle Ebenen unseres Daseins mehr und mehr einfließen zu lassen, außen wie innen, innen wie außen, auf allen Ebenen, in allen Dimensionen – darum geht es.

Das wirkt sich in vielfältiger Weise aus. Zum Beispiel in der Kommunikation mit anderen Menschen. Aus diesem ICH BIN heraus gibt es eine andere Art der Kommunikation, wir sprechen aus dem Herzensraum heraus, begegnen uns von Herz zu Herz. Kommunikation bedeutet ursprünglich »gemeinsam das Eine pflegen«. Wir erkennen die verschiedenen Dimensionen im Menschen und können auf seinen Bewusstseinszustand Bezug nehmen, ohne zu werten, aber sehr wohl unterscheidend. Die Kommunikation gibt dem anderen Raum in seinem So-Sein, das ist eine andere Haltung, als wenn ich mich auf einen Menschen als Objekt beziehe.

Dies eröffnet neue Möglichkeiten der Verständigung, auch in der Partnerschaft. Die meisten Liebesbeziehungen sind ja eigentlich ein Kuhhandel, wie Frau Tweedie gesagt hat. Ich liebe dich, wenn du … Gib mir dies, dann gebe ich dir jenes. Wenn jeder in sich selbst ruhend von dieser Liebe getragen ist, in diesem Licht erkennen kann, erwächst daraus – nicht aus einer Abhängigkeitsstruktur – ein freieres Spiel der Liebe, die vielleicht ein Stück weit weniger an dieses Nehmen und Geben gekoppelt ist, sondern in einem freien Austausch lebt.

Genauso mit unseren Kindern – wenn wir in einem neugeborenen Kind nicht mehr das getrennte Wesen sehen, sondern das Leben, das in ihm ist, dann wird es sich ganz anders aufgehoben und getragen fühlen.

So viel Leiden geschieht in diesen Beziehungsmustern, die sehr oft auf einem Mangel beruhen, dem Versuch, sich durch den anderen zu ergänzen, weil man noch nicht erfahren hat, dass man selbst Ganzes ist.

Was bedeutet jetzt all das, was wir besprochen haben, für die Praxis, die du vermittelst?

Im Innersten ist es so, dass niemand da ist, der irgendetwas vermittelt. Das ist der wichtigste Punkt. Dieses Präsentsein, So-Sein, In-der-Stille-verwurzelt-Sein, das ist das Eigentliche. Das hat jeder Mensch in sich. Für manche Menschen kann es hilfreich sein, eine Praxis zu üben – Meditation, das Repetieren des *dhikr*, Achtsamkeit, Gewahrsein im Jetzt. Aber das sind Hilfsmittel. Ich arbeite mehr und mehr entsprechend der Resonanz, die im Raum mit den Menschen da ist. Die Methoden verblassen oder rücken mehr in den Hintergrund. Das Wesentliche ist das Zusammensein unter Freundinnen und Freunden in der Stille – was nicht heißt, dass nicht gesprochen wird.

Ist es dann so, dass dieses Resonanzprinzip zwischen dir und den Menschen den inneren Vorgang, feinst auf sich zu hören, im Außen, widerspiegelt?

Ja, das ist es genau.

Damit die Menschen, die zu dir kommen, nicht in eine Abhängigkeit geraten und meinen, dass man nur weiterkommt, wenn man in deiner Gegenwart ist. Zu Zeiten der Methoden konnte man ja immerhin selbständig die Übungen praktizieren. Wenn man jetzt aber dieses feine Resonanzprinzip von außen nach innen überträgt, dann kann man gleichsam auch »üben«.

Es geht nie um Abhängigkeit, das ist klar. Der heutige Mensch lebt in einer Eigenverantwortung. Er schult sich selbst in der Beobachtung, was ihn – jetzt wieder in der alten Sprache gesprochen – einen Schritt näher zu sich selbst, zu seinem innersten Wesenskern bringt. Und das ist sehr individuell, jeder Mensch ist wirklich einzigartig. Da ist für jeden und jede etwas anderes hilfreich. Ich kann das zum Teil spiegeln, aber der Schwerpunkt liegt heute auf der Eigenverantwortung.

> Ich aber habe keine »Lehre«. Ich habe nur die Funktion, auf solche Wirklichkeiten hinzuzeigen. Wer eine Lehre von mir erwartet, die etwas anderes ist, als eine Hinzeigung dieser Art, wird stets enttäuscht werden. Es will mir jedoch scheinen, dass es in unserer Weltstunde überhaupt nicht darauf ankommt, eine feste Lehre zu besitzen, sondern darauf, ewige Wirklichkeit zu erkennen und aus

> ihrer Kraft gegenwärtiger Wirklichkeit standzuhalten. Es ist in dieser Wüstennacht kein Weg zu zeigen; es ist zu helfen, mit breiter Seele zu beharren, bis der Morgen dämmert und ein Weg sichtbar wird, wo niemand ihn ahnte.
>
> *Martin Buber* [*]

Es gibt ein gewisses Spannungsfeld zwischen spirituellen Schulungen, die eine Praxis vermitteln, und denen, die keine Praxis vermitteln, den Satsangs der Advaitalehre zum Beispiel. Das ist auch ein Bereich, in dem wir Bewertungen herausnehmen können, denn für manche Menschen ist es sinnvoll, Zeiten der Meditation zu haben. Und wenn ich gar nichts mehr brauche, bedeutet das nicht, dass etwas vollendet ist – jeder Augenblick ist Vollendung oder kein Augenblick ist Vollendung. Letztlich ist es sekundär, ob wir meditieren oder nicht. Wenn es dem Menschen gut tut, ihm dienlich ist, damit seine Bewegung von Einfaltung und Entfaltung in eine Balance kommt, dann ist die Meditation ein Tor.

Die Praxis erweitert sich mehr und mehr hin zu einer Kultivierung des Menschseins. Der Mensch wird dabei in all seinen wesentlichen Daseinsaspekten erfasst.

Um zum Beispiel den Körper mit in den Prozess einzubeziehen, übe ich während eines Retreats auch Qi Gong mit den Menschen; ich achte auf die Ernährung, die Psyche, den *mind*, den seelischen Aspekt, das Nichtduale, das mitschwingt. Verstärkt ist für mich der Aspekt der Natur von Bedeutung. Wir

---

[*] zit. aus Cornelia Muth, *Der Andere ist der Weg – Martin Buber*, Gütersloh: Kiefel Verlag, 2001, S. 43

sind Teil der Natur, und in den Seminaren und Retreats versuche ich, die Menschen einzuladen, wieder einen Zugang zur Sprache der Natur zu finden.

Ein weiterer Aspekt, auf den ich vermehrt achte, ist der soziale Bezug, die Kommunikation, die Frage, wie wir miteinander umgehen.

Ich selbst meditiere noch sehr oft am Morgen, manchmal setze ich das Mantra ein, an manchen Tagen auch verstärkt. Mehr und mehr ist einfach Gewahrsein. Ich finde beides sinnvoll. Ebenso die Traumarbeit – absolut sinnvoll.

Was das Mantra angeht, kam im Januar 2001, als ich in Indien war, innerlich klar die Anweisung, das Mantra jetzt von *Allah* zu *Malah* zu verlagern.

Al ist der Artikel »der«, *lah* bedeutet »nichts«. *Ma* beinhaltet den weiblichen Aspekt, ist das weibliche Tor, wenn man so sagen will, ins Nichts. Nichts, das alle Namen Gottes enthält. Und es kam einfach die Anweisung, dieses Mantra selbst zu praktizieren, aber auch in der Gruppe weiterzugeben. Das habe ich begonnen. Das *m* ist im Arabischen der Buchstabe der Geschöpflichkeit, der »Schal der Menschlichkeit«. *Ama* ist das Reine Sein. *Ma* gibt es in ganz vielen Sprachen als Silbe für das weibliche Prinzip. Ma-ma, Ma-re, das Meer, wir haben Maria – das ist Ausdruck des weiblichen Aspekts des Seins. Den müssen wir neu in die Balance bringen. Das *Al-lah* hat einen männlichen Farbtupfer drin. Das ist einfach so. Und da es um ein neues Gleichgewicht geht, auch um ein neues Verstehen der Materie, dessen, dass sie nicht-zwei ist, Geist und Materie, Schöpfer und Schöpfung nicht-zwei sind. Diese Spaltung, die jahrhundertlang in uns kultiviert wurde, kann jetzt überbrückt und aufgelöst werden.

> Im Buddhismus ist Materie noch die mater – die Mutter, die die geistigen Kräfte des Universums beherbergt.
>
> *Ulrich Warnke**

In der tiefsten Tiefe sind beide nicht wirklich unterschieden, aber das Ma bringt noch einmal die Schöpfung, das Materielle, das Universum, das Geformte ins Bewusstsein. Was letztlich ist, wissen wir nicht, aber *Malah* hat einen anderen Klang, eine andere Dynamik. Und ich denke, es ist jetzt wirklich hilfreich, Schöpfer und Schöpfung in ein Nicht-Zwei hineinschwingen zu lassen, Nichts und Alles. Darum das Wort *Malah*, das Frau Tweedie schon gelehrt hat. Das Gruppenmantra bei ihr war *Allah*. Heute, in meiner Weiterführung dieser Sufi-Tradition ist das Gruppenmantra *Malah*.

Du hast jetzt auf der einen Seite vom spirituellen Materialismus gesprochen, auf der anderen Seite öffnest du einen Raum für eine tiefe Würdigung und eine neue Erfahrensweise der Form. Auf der einen Seite die Worte von Trungpa Rinpoche, dass es nicht darum geht, sich bequem einzurichten, auf der anderen Seite öffnet sich die Fülle im Genießen – das ist ja eine ziemliche Gratwanderung, da könnte es gleich wieder bequem werden in den hübschen neuen Gedanken.

Dieses bequeme Sich-einrichten-Wollen hat vom Geschmack her eine gewisse Trägheit, eine gewisse Schwere, und der Mensch fühlt sich letztlich nicht wohl darin. Er wird krank oder geistig unbeweglich oder etwas Ähnliches. Wenn ich von genießen spreche, vom Genießen des Seins, so ist da nicht mehr

---

* Ulrich Warnke, a. a. O., S. 106

etwas, das will. Ich will es weder bequem haben noch nicht bequem. Das ist transformiert. Was ist, ist. Dadurch kann das Genießen des unmittelbaren Moments erst entstehen, und das ist ein Genießen auf neue Weise. Das Wichtige ist, dass man nichts will, keine Erwartungen, keine Hoffnungen hat. Worauf denn? Wonach denn? Der Brennpunkt ist so scharf im Augenblick, dass daraus, aus sich selbst heraus, ein tiefes Genießen stattfinden kann. So ist das Paradies auf Erden.

Wenn ich immer andere Umstände will, als die, in denen ich mich gerade befinde, dann beginnt mein Leiden. Wenn ich aber mit dem, was ist, in unmittelbarer Beziehung stehe, dann fehlt mir nichts. Was wird mir denn nicht gegeben? Es ist alles da. Darum möchte ich auch wirklich diesen Begriff »genießen« verwenden. Es ist ein Genießen des Seins. Es ist die Liebe des Schöpfers, die in diesem Genießen ist. Genießen ist auch Wertschätzung. Und ich meine das nicht in einem flachen Sinn, ich meine es in einem ganz tiefen Sinn. Eine Wertschätzung dessen, was jetzt einmalig und nie wiederholbar ist. Dort liegt der Unterschied zum Einnisten-Wollen. Sich-Einnisten geht ja nur, wenn sich ständig alles wiederholt, wenn ständig alles wieder hergeschaufelt wird. Das ist ein großer Unterschied.

Es geht vor allem um die Qualität des Genießens. Zu viel »linearer« Genuss verursacht Überdruss, der Spaß läuft sich irgendwo aus. Ich spreche von diesem tiefen Licht, vom Wesentlichen, das ich in allem wiederfinde. Wenn sich der innere Blick dafür öffnet, dann braucht man quantitativ gar nicht so viel. Man sieht einfach, was ist. Wenn ich ständig abgelenkt bin, gibt es kein wirkliches »Sehen« und damit auch kein wirkliches Genießen.

Damit sich diese Wahrnehmung in uns öffnen kann, vollzieht sich anscheinend ein Prozess, der im Zen oft mit folgendem

Bild beschrieben wird: Ein Baum ist ein Baum. Dann kommt die Erfahrung, ein Baum ist nicht mehr ein Baum. Die Sinne ziehen sich von jeglicher Art der Anhaftung zurück. Das muss nicht mit einem äußeren Rückzug verbunden sein, aber mit einem inneren. Dann ist ein Baum wieder ein Baum. Und ich rede von diesen Dimensionen, also wenn ein Baum wieder ein Baum ist. Das ist eine völlig andere Qualität. Weil du seine Nicht-Existenz in der Existenz siehst. Du siehst das Nichts und das Alles zugleich. Und damit hat der Baum dieses Leuchten, dieses *Sat-Chit-Ananda* auf seine einzigartige Baumart, das erkenne ich wieder, und das ist diese Freude, das ist das Paradies. Im Äußeren ist das nichts Besonderes, aber innen sind die Phasen durchlaufen. Es gibt diese Zeit der inneren Wüste, in der die Welt nur noch fade ist, grau ist, sie einem nichts mehr bedeutet. Dort findet der Rückzug der Sinne statt. Und dann kommt dieses neue Sehen, dieses Erfahren dessen, was ist. Und das ist, als ob sich alle Dimensionen in einem gleichzeitig offenbarten, und in der Mitte ist nichts, in großem Glanz, erfüllend.

In dem ICH BIN *sind* wir das, was oft in so großen Worten als transkonfessionell bezeichnet wird. Die eigene Konfession, der eigene spirituelle Weg, den wir gegangen sind, ist aufgegangen im nächsten Holon, ist transformiert.

Wichtig ist, dass dieser Schritt bewusst vollzogen wird. Auf der Ebene der Transkonfessionalität beggnen wir uns im ICH BIN, in diesem schlichten, göttlichen Menschsein. Erst in sekundärer Linie sind wir dann Sufis oder katholisch oder reformierte Christen oder Hindus, buddhistisch oder jüdisch oder Zenpraktizierende.

Ramana Maharshi bezeichnet das Absolute, Unbenennbare als ICH-ICH. Es ist das Nullfeld, absolute Stille, vollkommen unbewegt. Kommt das ICH-ICH in Bewegung, wird es zum ICH BIN. Ich – ah – göttliches Wesen. Annette – ah – menschliche Erfahrung. Ein göttliches Wesen, das eine menschliche Erfahrung macht.

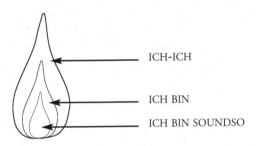

In diesem ICH BIN ist es ganz einfach. Es ist wie im goldenen Schnitt – mir gefällt schon der Ausdruck »goldener Schnitt« – zwei Drittel ICH BIN, ein Drittel menschliches Wesen. Im Selbstverständnis von diesem ICH BIN, das einfach Gewahrsein ist, Stille ist, darf der andere Teil, der menschliche, mitschwingen. Die Liebe darf auf keinen Fall fehlen, sie ist Ausdruck des ICH BIN. Das ist transkonfessionell, wobei ich das Wort schon nicht mehr mag. Menschsein in der Verschiedenheit erfahren, es einzigartig mit jedem teilen.

Daraus entwickelt sich ein neues Verständnis von Hierarchien. Die einzige Hierarchie, die bestehen bleiben wird, ist die Holarchie, das heißt, das Bewusstsein entfaltet sich immer weiter – ohne dass im »Weitersein« eine Beurteilung liegt. Im ganzen Schöpfungsprozess wird eine bestimmte Holarchie sichtbar.

Wenn wir in dieses Gewahrsein, in dieses ICH BIN »hineinkommen«, fallen ganz viele hierarchische Strukturen ab, weil sie dort keine Berechtigung mehr haben, sie sind künstlich. Berechtigung hat das, was dem Ganzen dient. Daraus ergibt sich eine natürliche, holarchische Ordnung und eine kreisförmige Vernetzung. Jede Tradition ist gleichwertig in den Lichtkreis eingeordnet. Jede Tradition kommt aus einem Farbstrahl. Unsere Farbe ist zum Beispiel goldgelb, andere Traditionen haben andere Farben. Alle kommen aus ihren Strahlen heraus in den einen Lichtkreis, der keine Farbe mehr hat. In diesem Lichtkreis begegnet man sich auf gleicher Ebene. Das ist Vernetzung. Da gibt es noch einiges zu tun. Das Leben wird uns Wege zeigen, wie das umzusetzen ist, da werden wir sicher erfinderisch sein.

Um sich in diesem Lichtkreis an einem solchen punktlosen Punkt zu treffen, muss man einen bestimmten Schritt getan haben, sonst schleicht sich doch wieder die Farbe des Dogmas ein. Ich war bis vor kurzem noch Mitglied in der katholischen Kirche, bin aber jetzt ausgetreten. Und ich bezeichne mich auch nicht mehr als Sufi, sondern ich bezeichne mich als Mensch. Entweder bin ich alles – Christin, Muslimin, Hindu, Buddhistin, Jüdin oder gar nichts. Einfach Mensch. Dieser Schritt muss vollzogen sein, obwohl das Tor für mich ganz klar das Sufi-Tor war. Wir begegnen uns jetzt als göttliche Wesen, die eine menschliche Erfahrung machen. Wenn das tief genug verankert ist, sind Abgrenzungen und Trennungen nicht nötig – Unterscheidungsvermögen ja. Es geht heute viel mehr darum, *dass* die Herzen und der Geist der Menschen geöffnet werden als *wodurch*. Es kann ein spiritueller Weg sein, es kann ein Schockerlebnis sein, es kann aus heiterem Himmel passieren, es kann durch eine Therapie geschehen. Keine Bewertung mehr, Sein ist unendlich vielfältig.

In der Zeit, als die Menschen hier das Askleipieion in Griechenland noch belebten, gab es vier Zugänge zur Glückseligkeit, die vollkommen gleichwertig nebeneinander standen, ohne Hierarchie. Das eine war das Heilen, das andere war der Zugang zu den

Mysterien und deren Kenntnis, ein drittes war das Dichten und die Kunst, und ein viertes war der Weg des Eros. Als du gesagt hast, dass die Zeit reif ist, priesterlos zu sein, hat es mich daran erinnert, dass der Weg des Priesters integriert war in diese Zugänge, dass er nicht herausgehoben war.

Ich finde das hochinteressant.

Ich habe allerdings auch erfahren, wenn Menschen sich zu schnell in einen Kreis setzen und der Bewusstseinszustand der Einzelnen noch nicht zum größten Teil in diesem ICH BIN schwingt, dann ist es nicht möglich. Es ist eine Voraussetzung, dass das Persönliche transformiert, wirklich in diesem ICH BIN aufgegangen ist – ohne das jetzt zu werten. Man muss da sehr genau hinschauen.

Unbedingt wichtig ist es, die Ebenen zu unterscheiden, sonst haben wir Flachland, wie Ken Wilber es nennt. Und das bringt unter anderem Stagnation; die Bewegung, das Fließen, kann nicht ungehindert stattfinden. Dieses Unterscheidungsvermögen ist wirklich ein ganz zentraler Punkt. Klar zu sehen, was auf welcher Ebene stattfindet. Es zu formulieren *und* in der Liebe zu bleiben. Die Liebe bewertet nicht. Sie sieht sehr genau, aber sie wertet nicht. Das Männliche und das Weibliche müssen dort zusammenkommen.

*E*s war ein sanfter Abend. Wir hatten vor, morgen unsere Aufnahmen abzuschließen. Das Wesentliche war gesagt. Also feierten wir. Holten unsere schönsten Kleider aus dem Koffer und schmückten uns.

Im heiligen Hain des Asklepieions wollten wir unser letztes Gespräch führen. Morgen, sobald der Tempel öffnete. Es war Freude.

Wir suchten uns ein feines Lokal an einem stillen Platz. Es war mild, ein Tuch über den Schultern genügte. Das Essen war köstlich, Spagetti mit Pilzen und kleinem Seegetier. Ich musste an Frau Tweedie denken: »Nie schmeckte das Essen so gut und waren die Blumen so rot ...«

Eine ehemalige Moschee stand an diesem Platz. Das Minarett ragte in den dämmernden Nachthimmel und traf dort den frühen Abendstern.

Wir sprachen noch einmal darüber, wie diese griechischen Inseln Nahtstellen zwischen Orient und Okzident waren; gerade vom Asklepieion aus gab es eine Verbindung zur Ärzteschule von Halikarnassos, dem heutigen Bodrum. Als könnten wir leichten Schrittes diese alte Brücke betreten, die heute so Not tut. Wie auch immer diese Brücke damals gewesen sein mag, heute ist sie ein Seinszustand, ICH BIN. Leichten Schrittes.

Wir waren so eingetaucht, dass wir fast den Muezzin hörten, wie er nach dem Göttlichen ruft. Wie jedem dieser Rufe, in welcher Religion sie auch gerufen werden, jene Urerfahrung zugrunde liegt und nur verschieden zum Ausdruck kommt. Wo sind da Gegensätze?

Der Brunnen mit seinen sieben Säulchen schimmerte im Licht der Restaurantkerzen. Ein Moped schoss über den Platz und fast über unser Dessert.

Ich war noch lange wach in jener Nacht. Dankbar wach. Manchmal, in seltenen Abständen, plumpste eine Orange auf den Marmor des Terrassenbodens. Ansonsten war es still. Der nächtliche Atem des Universums war mein Atem.

Atmet jemand?

Annette, wir sitzen heute im Hain des Asklepieion. Der Wind rauscht ...

... durch die Kiefern wie im Himalaja. Für mich ist das wie ein Nach-Hause-Kommen. Unsere Reise hat hier begonnen, und wir kommen wieder an diesen Punkt zurück. Und die Kiefern antworten gleich mit einem Windstoß, sie singen so wunderbar, hörst du das? Ein Singen, das immer wieder dieses tiefe Wissen in mir – wahrscheinlich in uns allen – weckt. Dieses Wissen um das Ganz-Sein, um das Heil-Sein, um das So-Sein, das wir wirklich sind.

Als wir das erste Mal ins Asklepieion hineingingen, da dachte ich, als ich diese üppigen Sträucher und Bäume sah: Warum setzen eigentlich die Menschen ihre Lebensenergie nicht dafür ein – bildlich gesprochen –, wunderschöne Gärten zu bauen?

> In einem Garten ging die Welt verloren,
> in einem Garten ward sie erlöst.
>
> *Blaise Pascal*[*]

Etwas in uns träumt von einem Menschsein, das in Harmonie, in einem Gleichgewicht mit der ganzen Schöpfung ist, weil wir Teil des Ganzen sind. Das hat viel mit diesem Ort zu tun, weil hier verstanden wurde, dass der Mensch für sich selbst in der Verantwortung steht, auf allen Ebenen in einem

---

[*] zit. aus: André Heller und Julia Kospach, *Augenweide – Der Garten der Gärten*, München: dtv, 2003

Gleichgewicht zu sein. Ich sagte am ersten Tag, ich wisse, warum wir an diesem Ort sind – es hat etwas damit zu tun, dass geschichtlich gesehen am Ende der griechischen Zeit Geist und Materie getrennt wurden. Und heute müssen wir sie wieder zusammenbringen.

Das erinnert mich an deinen Rosentraum.

Die drei Rosen pflanzen. Die erste Rose, die Vergebung. Mögen wir allen vergeben, denen wir geschadet haben. Mögen wir auch die göttliche Kraft um Vergebung bitten für all die Menschen, die uns geschadet oder uns verletzt haben. Mögen wir wirklich im tiefsten Inneren allen vergeben.

Die zweite Rose, die Liebe. Die zweite – die Liebe – ist wirklich die einzige Kraft, die ent-zweites vereint. Die Liebe ist die höchste Dynamik, die höchste Kraft in diesem Universum. Liebe auf jeder Ebene, Körper, Psyche, *mind*, Seele, GEIST. Liebe zu allen Wesen, zu sich selbst, zur Natur. Liebe, die einfach in diesem So-Sein ist. Wir *sind* Liebe; im ICH BIN ist pure Liebe. Man braucht nichts zu tun, um wirklich Liebe zu geben, weil wir Liebe *sind*. Sie strahlt aus sich selbst heraus, weil Schöpfung Liebe ist. Mögen wir ein offenes Herz haben, einen offenen Geist, damit wir erkennen können, wohin diese Liebe fließen soll. Es gibt kein Ich und kein Du, Liebe fließt einfach. Liebe ist Dynamik. Liebe heilt. Liebe ist wirklich dem weiblichen Urprinzip nahe, das einfach alles in seinen Armen hält. Alles und alles.

Die dritte Rose ist Dankbarkeit, ist Lobpreisung. Es gibt in dieser Dankbarkeit auch den Aspekt der Demut, ein altes Wort, aber ich meine es neu. Dankbarkeit ist eigentlich Lobpreisen, ist Leben, das in jedem Augenblick seines So-Seins einfach singt. Die Natur tut das. Warum singen die Vögel einfach? Sie singen einfach. Warum wispern die Kiefern? Die Kiefern wispern einfach so im Wind. Warum springen die Delfine so freudig aus dem Wasser? Sie springen einfach freudig. In ihrem So-Sein ist Lobpreisung. In der dritten Rose, in diesem ICH BIN, ist etwas zutiefst im Herzen, das für jeden Augenblick des Lebens dankt.

Auf der physischen Ebene gibt es sicher Momente, in denen wir mit großen Schmerzen konfrontiert sind, und da ist wahrscheinlich dieses Dankesagen nicht so da. Höchstens ganz, ganz tief verborgen. Ich habe selbst noch nicht viele Erfahrungen damit gemacht und kann dazu nichts sagen. Wenn ich körperlichen Schmerz erfahre, versuche ich nur, nicht noch zusätzliches Leiden darauf zu streichen, sondern den Schmerz zu sehen als das, was er ist. Nicht weglaufen, nicht identifiziert sein, und manchmal gelingt es mir auch, durch den Schmerz hindurch SEINEN Gesang zu hören.

Das Pflanzen dieser ersten drei Rosen ist ein innerer Akt, und gleichzeitig verlangen jetzt diese Rosen auch nach einem äußeren Ausdruck. Im Traum mussten die Rosen real im Garten gesetzt werden. Das ist der weibliche Teil der gelebten Spiritualität.

> Wenn all dein Begehren sich auf das Wesentliche konzentriert,
> wirst du nur zwei Dinge wählen:
>
> Mehr zu lieben
> und glücklich zu sein.
>
> Nimm die Töne von der Flöte Hafis'
> und mische sie unter deinen Saatbeutel.

> Und wenn der Mond sagt:
> »Es ist Zeit zu
> pflanzen«,
>
> warum nicht tanzen,
> tanzen und
> singen?
>
> *Hafis**

Es liegt darin kein Müssen, sondern etwas Natürliches. Was das im Einzelnen genau heißt, weiß ich noch nicht. Ich denke, dass mit dem Engagement für *ein Lächeln und 10 Cent* auch äußerlich eine Art Rose gepflanzt wird.

Ich glaube, dass mit der Villa Unspunnen und der Windschnur, in die wir unsere Lebensenergie fließen lassen, damit viele Menschen zu diesem ICH BIN einen Zugang bekommen, zu diesem Erleben des göttlichen Wesens, das eine menschliche Erfahrung macht, auch auf eine Art eine Rose im Garten gepflanzt wird, indem wir in unserem Tun eine Vision halten.

So versuchen wir also, die Rosen im äußeren Garten zu pflanzen. Und ist es nicht wunderbar? Die Rose ist ein Symbol aus unserer Tradition, das nun aufgeht in etwas Größerem, was Menschheit meint.

Das Asklepieion ist für mich ein inspirierender Platz, und letztlich haben wir in der Aura dieses Ortes unsere gesamten Gespräche geführt. Ich war vor sieben oder acht Jahren einmal ganz kurz mit meiner Tochter auf Kos, wir wollten von hier aus auf eine andere, ganz kleine Insel, Pserimos. Nur einen Tag war ich auf Kos und wollte natürlich das Asklepieion besu-

---

* Hafis, a. a. O., S. 92

chen, ohne genau zu wissen, was das war, ich war nur neugierig. Und irgendetwas hat mich damals sehr, sehr berührt. Ich glaube, es war das Zusammenkommen dieser drei Ebenen, die sich äußerlich in den drei angelegten Terrassen manifestieren. Es ist ein Heilplatz; das Symbol der Ärzte, der Äskulap-Stab, das Zeichen mit den damals noch zwei Schlangen, stammt von hier; auch Hippokrates hat an diesem Ort gewirkt.[*]

Die erste Terrasse ist die der Reinigung. Da waren die Bäder angelegt, es gab Thermalwasser, dort floss die Quelle mit dem Trinkwasser, auch ein kleiner Tempel war da. Äußere Reinigung, innere Reinigung. Unser Pfad hat auch sehr viel mit diesen Aspekten zu tun, es geht immer darum, den Spiegel zu reinigen, das Herz zu polieren, die Transformation des Herzens zuzulassen.

Die zweite Ebene ist die Ebene der Opferung, wie sie in den überlieferten Schriften genannt wird. Da wohnte der Priester, dort ist der alte Tempel des Äskulap. Die Kranken wurden angewiesen, dort zu übernachten und auf ihre Träume zu achten. Auf dieser Ebene gab es Schlangen, daher das Symbol. Wir kennen aus der indischen Tradition die Kundalinikraft, aus der christlichen Tradition die absteigende Schlange vom Baum der Erkenntnis, durch die wir aus dem Paradies in die Dualität fallen. Nur in der Dualität ist Erkennen möglich, ein wichtiger evolutiver Schritt. Die Kundalinienergie, die aufsteigende Schlange, verbindet die inneren feinstofflichen Zentren miteinander, so geschieht der Erkenntnisprozess der Eins-Werdung.

In einem Haus auf dieser Ebene waren also Schlangen, und die Träume der Menschen enthielten Hinweise für ihren Hei-

---

[*] Wer sich intensiver mit der Geschichte und Bedeutung des Asklepieions und den tieferen, spirituellen Inhalten des Hippokratischen Eids beschäftigen möchte, dem sei das Buch von Annie Berner-Hürbin, *Hippokrates und die Heilenergie*, Basel: Schwabe Verlag, 1997, empfohlen.

lungsprozess. Die Priester haben diese Träume gedeutet und konnten vielleicht auf diese Weise Einsicht in eine tiefere Schicht gewinnen, in den Ursprung der Krankheit des betreffenden Menschen.

Die zweite Ebene – Opferung, Priester – der Vermittler dessen, was ent-zweit ist. Opferung bedeutet letztlich die Hingabe des persönlichen, kleinen Ichs, das Aufgehen in etwas Größerem, was sich im Asklepieion auf der dritten Ebene widerspiegelt. Und du hast mir gesagt, das es die Ebene der Vervollkommnung ist.

Der Vollendung.

Die Ebene der Vollendung. Wunderschön! Auf dieser Ebene stand im Zentrum der Tempel. Voll-Endung. Es ist wie auf dem spirituellen Weg, dass er auf der Ebene von Raum und Zeit, an einem bestimmten Punkt vollendet ist, dass der Mensch aufgeht im So-Sein, das im Nicht-Sein wurzelt.

Du und ich sitzen nun auf einer vierten Ebene, dem heiligen Hain. Nur ein Kiefernwald, kein Tempel, nichts. Du hast gesagt, dass hier die Menschen weder gebären noch sterben durften. In diesem ICH BIN schwingt das, was nie geboren wird und nie sterben kann. Dieser Aspekt ist die eine Seite, die dieser Hain symbolisiert. Da geschieht das Heil-Sein aus sich selbst heraus, das ist die größte Heilkraft überhaupt, sie bringt uns immer wieder in ein vollendetes Gleichgewicht – für einen Augenblick, denn es ist ein dynamischer, ständig fließender Prozess. Ein absolutes oder ein wirklich vollendetes Gleichgewicht findet man nie, es ist immer wieder neu in jedem Augenblick. Das ist unser natürlicher Zustand.

Und wir zwei sitzen jetzt in diesem heiligen Hain, in dem die Kiefern singen, ein Vogel zwitschert, der blaue Himmel durch dieses leuchtende Grün der Kiefern blinzelt, der Schattenwurf der Sonne Muster auf den Boden zeichnet. Die Kiefern duften, es tanzt die Seele. Natürliches Sein. Das ist Menschsein und ist die andere Seite, die bedeutet, dass im heiligen Hain heute auch geboren und gestorben wird. Menschsein ist an jedem Punkt der Erde, wo immer wir sind, was immer wir gerade tun.

Irgendetwas berührt mich zutiefst an diesem Ort. Denn wenn wir durch das ganze Asklepieion hindurchschreiten, richtet sich der Körper auf, da ist Größe, da steht eine Vision von Menschen dahinter, die einmal das Heilwerden in einem viel umfassenderen Sinn verstanden haben. Heute lernen wir davon. Heute ist die Medizin aufgefordert, sich dieser Dimension wieder zu erinnern

Zu jener Zeit war sicher auch nicht alles ideal, die Frauen wurden unterdrückt, es gab Sklaverei und so weiter. Es geht mir nicht um eine Idealisierung, es geht um das Aufnehmen wesentlicher Impulse.

Ich möchte an dieser Stelle einmal von unserer Reise sprechen. Wir haben beide gemeinsam die Insel Tilos als Ort für unsere Gespräche ausgesucht, haben im Computer nachgeschaut und sind – pumm – auf eine Unterkunft gestoßen – Pension Faros, ein wunderschöner Platz. Still. Diese Majestät der Bergzüge beim Heranfahren mit dem Schiff; eine bestimmte Stille war spürbar. Und als ich dort meditieren wollte, ging es irgendwie nicht, ich kam nicht wirklich in die Tiefe. Und dir ging es genauso. Und dann, als ich mich in der dritten Nacht mit dem Mahakali Aspekt beschäftigte, bin ich aufgewacht, weil ich so verstochen war von den kleinen Viechern, und ging auf den Balkon hinaus und überlegte, was eigentlich los ist. Wir kamen auch mit unserem Text nicht wirklich vorwärts, es floss nicht so, wie wir das sonst aus unserer Zusammenarbeit kannten. Was war los?

Es gab äußere Stille, aber in einer tieferen Schicht war eine eigenartige Unruhe. Energetisch fühlte ich mich ein bisschen wie gehetzt, etwas brodelte im Untergrund dieser Insel. Und ich fragte mich, wo ich denn hingehen würde, wenn ich tiefe Inspiration für diese Arbeit suchte. Das Beste wäre das Asklepieion, fiel mir genau in diesem Moment ein. Da schluckte ich natürlich und dachte, wenn ich diesem inneren Impuls folgen will, dann muss ich das am Morgen Anna zumindest einmal sagen. Und es war ein besonders schöner Morgen …

… die See war still wie ein Spiegel …

… man konnte schwimmen mit einer Lust und Freude …

… im türkisblauen Wasser …

… es glitzerte, und am Himmel zogen diese Wölklein vorbei, die ich so besonders liebe, die so wie Wattebäuschchen aussehen. Und einen Moment hielt ich inne und dachte, wenn ich die äußere Welt betrachte, ist es verrückt zu sagen, wir müssen gehen. Ich sagte es trotzdem und war dann so froh, dass du sofort einverstanden warst.

Wir haben dann unseren Gastgebern gegenüber eine relativ gute Begründung für unsere vorzeitige Abreise gefunden, sind sofort aufs nächste Schiff und kamen hierher nach Kos. An einen Platz, der äußerlich nicht unbedingt als schön bezeichnet werden kann. Aber er ist gut. Am Abend, nachdem wir in unsere Apartments eingezogen waren, setzte ich mich zur Meditation hin und siehe da, da war diese tiefe Weite, dieses tiefe In-der-Quelle-Sein. Tilos hat uns gedient. Du hast mir erzählt, was für dich geschehen ist, als du im Sommer hier warst – da brachte diese »Untergrundbewegung« etwas für dich ganz Wesentliches ins Bewusstsein, eine ganz zentrale Erfahrung für dich und deinen Sohn. Es galt, noch einmal auf einer ganz tiefen Ebene die Nabelschnur zu durchschneiden, so dass dein Sohn nun in ein strahlendes Erwachsensein kommen kann.

Alles zu seiner Zeit. Alles am richtigen Ort, mit den richtigen Menschen, und vielleicht ist das eine Lektion, die uns Mutter Erde, das Urweibliche, erteilt. Wir müssen letztlich nur lauschen, unseren inneren Impulsen folgen, die uns richtig geführt haben. Wir konnten sehr viel verstehen durch diese Reiseschritte.

Es war nicht falsch, nach Tilos zu gehen.

Es war nicht falsch. Es ermöglichte uns zum Beispiel zu erkennen, dass weibliche Urkraft zu durchtrennen vermag, um Neues entstehen zu lassen. In Essenz ist alles ein Tanz des Nichts. Nicht wichtig, nicht bedeutungsvoll oder sehr wichtig, aber dann ist alles sehr wichtig. Die Erde kann uns wirklich lehren.

Das ist es, was wir in der Materie neu entdecken können, dass da viel mehr an Austausch, an Verbindung, an Dialog stattfinden, als wir gemeinhin ahnen. Dabei meine ich jetzt nicht Naturmystizismus oder Naturmystik, sondern ein neues Verständnis davon, dass wir Teil der Natur sind, dass eigentlich eine innige Beziehung besteht.

Das habe ich auch noch in einer anderen Erfahrung erlebt. Ich war im letzten Februar in Indien in Tiruwalamalai im Ashram von Ramana Maharshi. Dieser Ashram liegt dem heiligen Berg Arunachala zu Füßen. Nachdem Ramana Maharshi mit sechzehn Jahren diese unglaubliche Erfahrung des ICH BIN hatte, zog er sich auf diesen Berg zurück, der für ihn Shiva selbst verkörperte. Im Ashram wird empfohlen – aber das ist ganz frei gestellt, es ist überhaupt sehr frei dort –, dass man einmal um den heiligen Arunachala geht, am besten frühmorgens, weil es sonst zu heiß wird. Das machte ich. Ich traf auch Menschen, die mir von ihren Erfahrungen erzählten, die sie beim Umwandern dieses Berges hatten. Ich dachte, ja, das kann ich mir vorstellen, aber nichts weiter.

Ich bin oft in die Natur zum Meditieren gegangen, wobei das nicht so unproblematisch ist. Besonders als Frau wird man davor gewarnt, alleine den Ashram zu verlassen, weil es Wegelagerer gibt, die Menschen – vor allem Westler – überfallen.

Aus dem Bekanntenkreis erfuhr ich zum Beispiel von einer siebzigjährigen Frau, die überfallen, niedergeschlagen und ausgeraubt wurde. Für sie war es eine schreckliche Erfahrung.

Gerade hinter dem Ashram gibt es wunderschöne Naturplätze, und das Naturherz schreit förmlich danach, hinaus zu spazieren. Aber wie gesagt – mit Vorsicht. Wir blieben fünf Nächte, weil man beim ersten Mal nur fünf Nächte bleiben kann. In der letzten Nacht wachte ich um drei Uhr auf und sah ein inneres Bild vor mir: Ramana Maharshi, der mir sagte, geh auf den Berg. Geh auf den Berg! Mir schoss sofort durch den Kopf, nein, lieber nicht! Nicht in der Nacht, das ist viel zu gefährlich. Ich versuchte, weiter zu schlafen. Aber ich hatte den Ruf gehört. Ich wälzte mich hin und her. Dann hatte ich eine geniale Idee, nämlich George, meinen Mann, zu wecken. »Was, jetzt auf den Berg gehen? Kommt nicht in Frage!«, sagte er, drehte sich um und versank wieder in Tiefschlaf.

So ging das noch eine Weile, bis ich schließlich aufbrach. In dem Moment, in dem ich zu gehen begann, war jede Angst verflogen. Ich folgte einfach Schritt für Schritt jeder Anweisung, da oder dort zu gehen, anzuhalten, zu meditieren. Dann gab es ein Stück, wo ich nicht weiter kam; ich fand den Weg nicht mehr. So setzte ich mich wieder hin, horchte, schaute, ging weiter. Ich folgte nur den inneren Anweisungen.

Weiter oben am Berg setzte ich mich auf einen Stein und

meditierte. Es war stockdunkel – kein Mond, keine Sterne. Ich meditierte und hatte dabei eine innere Erfahrung, in der Ramana Maharshi auf einem Tigerfell saß. Und er sagte, ich solle mich zu ihm auf dieses Tigerfell setzen. Das tat ich.

Es war eine symbolische Handlung, und ich wusste sofort, was sie bedeutet.

Ich war innerlich sehr, sehr erschüttert. Es begann zu regnen. Ich saß immer noch in der Meditation. Eine Eule kam, schrie neun Mal und war wieder still. Absolute Stille. Ich saß lange da, gehalten in den Armen der Natur. Irgendwann ging ich dann. Als die Ashramtüren sich öffneten, morgens um halb sieben, war ich wieder zurück.

In der Synchronizität dieser Erfahrung, wie sich innere Erfahrung im Regen, im Ruf der Eule spiegelt, kommen für mich Geist und Materie, wie oben – so unten, zusammen.

Es gibt noch einen weiteren Zusammenhang, der etwas mit diesem heiligen Hain zu tun hat. Der ganze Prozess dieser weiteren Häutung, dieses Aufgehen im universellen Bewusstsein, dieses Zurückfinden ins natürliche Menschsein begannen für mich an einem bestimmten Punkt in London bei Frau Tweedie. Sie hatte mir damals erlaubt, Sufi-Seminare zu geben. Gleichzeitig war ich dem ersten Nachfolger von Frau Tweedie unterstellt. Und so rutschte ich in die Situation hinein, dass ich immer, wenn ich etwas zu besprechen hatte, es zuerst mit Frau Tweedie tat, ihre Antwort bekam und danach zur zweiten Instanz ging und das Gleiche besprach. Und es geschah sehr oft, dass Frau Tweedie zu dem, was ich fragte, Ja sagte und die zweite Instanz Nein sagte.

Ich wusste nicht, wie ich das zusammenbringen konnte. Die Orientierung für mich war natürlich die erste Instanz, Frau Tweedie. Sie war meine Lehrerin, und was sie sagte, hatte absolute Gültigkeit. Ich zweifelte auch in keiner Weise an der

Ernsthaftigkeit der zweiten Instanz. Frau Tweedie bezog sich auf Bhai Sahib, ihren Lehrer, die zweite Instanz tat dies auch – aber die Antworten waren nicht die gleichen. Das versetzte mich in einen gewissen Schockzustand, denn für mich war das, was Frau Tweedie sagte, unfehlbar. In dieser Situation musste ich erkennen, dass auch dieses Unfehlbare nicht absolut, sondern relativ ist. Wenn zwei Menschen sich auf eine innere Führung – in dem Fall Bhai Sahib – beziehen und verschiedene Informationen bekommen, dann muss das relativ sein.

Ich sprach darüber auch mit Frau Tweedie, und sie sagte: »Ach, die zweite Instanz braucht noch Zeit zum Reifen.«

Vom holografischen Prinzip her gibt es natürlich weiteres Bewusstsein, das sich mehr einschwingen, in einem tieferen Verständnis sein kann als das Bewusstsein eines anderen Menschen, das ist keine Frage. Aber niemand auf dieser Welt kann einen absoluten Anspruch auf Wahrheit erheben. Das ist unmöglich.

Und ich dachte, wenn das so ist, dann gibt es vielleicht auch meinen eigenen Ausdruck. Das ist ein sehr heikler Punkt, von dem aus ich jetzt spreche. Ich hatte immer das Weiteste, das Tiefste, das Klarste, das, was dem Absoluten am nächsten kommt, gesucht. Und ich war nicht zufrieden, es war für mich ein unlösbares Dilemma.

Es liegt eine Gefahr darin, wenn dieser innere Kanal spezifiziert ist – in dem Fall haben sich beide Beteiligten auf Bhai Sahib berufen. Der Übergang ist haarscharf, was als absolut, was als relativ abgeleitet wird, denn daraus kann zum Beispiel ein Machtanspruch entstehen. In diesen Bereichen, in denen sehr, sehr subtile, sehr feinstoffliche Dinge geschehen, kann eine Kleinstabweichung von einem My enorme Auswirkungen in den dichteren Ebenen haben. Das ist wie in der Homöopathie, wenn eine sehr hohe Potenz gegeben wird.

Ich zweifle überhaupt nicht daran, dass Menschen in solch einer lehrenden Funktion die besten Absichten haben, aber vermutlich sind wir alle nicht unfehlbar, ich natürlich auch nicht. Wir sind relativ gesehen einfach Menschen, und da hat das Fehlbare seinen Platz.

Und dort begann dann meine Reise. Ich dachte, es muss diese innere Führung, diese innere Klarheit geben – transzendiert von Form und Namen, transzendiert auch von Frau Tweedie und Bhai Sahib. Es muss etwas geben, in dem all diese Namen und Formen aufgegangen sind, wie wir es in der Sufi Tradition sagen; etwas, das wirklich ohne Namen, ohne Gesicht ist, danach suchte ich. Zu diesem Zeitpunkt kam mir *Ich bin*[*] von Nisargadatta Maharaj in die Hände.

Dadurch, dass ich Frau Tweedie am Ende ihres Lebens so nahe sein durfte, sah ich sie auch in ihrem menschlichen Dasein. Ich musste meine Bilder über ein erleuchtetes Wesen auflösen, davon, dass ein erleuchtetes Wesen perfekt sein soll.

Die Fehlbarkeit in der Unfehlbarkeit zu sehen und die Unfehlbarkeit in der Fehlbarkeit, darum ging es. Ich musste die Sichtweise, in der die beiden Aspekte als Gegensatz erscheinen, überwinden. Die Liebe vermag das. Auch das Unterscheidungsvermögen kann da eine Hilfe sein, weil man sieht, da gibt es diese menschlichen Seiten von Schwäche, wunderbar, vollkommen in Ordnung, und da gibt es diese Größe. Aber auch das ist immer noch innerhalb des Newtonschen Weltbildes, da sind immer noch Gegensätze zusammenzubringen, zu versöhnen.

Wenn ich jetzt aus dem Gesichtswinkel von ICH BIN Frau Tweedie betrachte, darf sie krank werden, darf sie alt werden,

---

[*] Sri Nisargadatta Maharaj, *Ich bin*, 3 Bände, Bielefeld: Kamphausen, 1998, 2001, 2003

darf sie gebrechlich werden. Dieses ICH BIN singt so oder so, ist nicht von der Form abhängig, ist der Form immanent, es tanzt. Diese absoluten Ansprüche sind alte Bilder. Wir sind mit dem Ganzen viel tiefer verbunden, als wir uns das vorstellen – wir sind Teil des Ganzen. Ich bin Teil dessen, was Frau Tweedie verkörpert, dessen, was Bhai Sahib verkörpert, dessen, was die ganze Linie unser Naqshbandiyya-Mujaddidiyya-Sufitradition betrifft, *und* ich bin auch Teil von Ramana Maharshis Erfahrungen, von Meister Eckhart, ich bin Teil von Teresa von Avila, von Eckhart Tolle, ich bin Teil von Hitler und Stalin – ich bin Teil vom Ganzen, von allen Weiten und Tiefen, von allem Hellen und Dunklen, bin Teil eines GUT-Seins, eines So-Seins, das jenseits des ganzen Spektrums liegt, das wir uns noch vorstellen können oder als Idealbilder haben. Ich bin Teil von diesem EINEN, das unaussprechlich ist. Und in diesem Verständnis von ICH BIN haben wir Zugang zu allem, das ist nicht exklusiv für spezielle Leute. Es gibt nicht nur Auserwählte und die Restlichen fallen heraus. Alle sind auserwählt. So wie wir alle göttliche Wesen sind. Ich respektiere andere Ansichten, ich werte nicht, alles in dieser Welt hat seinen Platz, auf der Ebene, wo die Dinge stattfinden, im Bewusstseinszustand des jeweiligen Mems. Alles trägt zum Ganzen bei.

Heute werden wir in die Richtung gestoßen, dass nicht nur viele einzelne Menschen erwachen, sondern die Menschheit an sich. Es ist ein kollektives Erwachen. Und dazu ist es nötig, dass sich jeder Mensch die Kompetenz zugesteht, innerlich geführt zu sein, die Erfahrung zuzulassen, ein göttlichen Wesen zu sein, in seiner Einzigartigkeit das Licht zu leben, eingeschwungen in die Verschiedenheit, in dieses Einssein. Das eröffnet dieser Welt ungeahnte, neue Möglichkeiten.

Mystik ist nicht mystisch und doch ist sie das große Geheimnis. Wir überhöhen die Dinge nicht, sondern wissen um den natürlichen Zustand des Menschseins. Wir finden darin sehr viel Logisches, sehr viel Klares, sehr viel Nachvollziehbares, es ist nichts Besonderes, dem gegenüber der Alltag abfällt. Und trotzdem bleibt das Leben ein Geheimnis, ein Mysterium. Wir können gewisse Dinge nie wirklich ergründen. Im Zentrum bleibt dieses Nichtwissen. Daraus entspringt das Geheimnis.

Alles Wissen ist immer relativ, ist nur ein Fingerzeig, der letztlich auf diese Urquelle weist, in der die Sprache versinkt und das Verständnis im Nichts-Alles aufgegangen ist. Und das wird ein Mysterium bleiben.

Was bleibt uns noch zu tun, Anna?

Willst du den Traum von gestern noch erzählen?

Gestern Nacht, in der Nacht auf den ersten Oktober, genau nach Mitternacht, da hatte ich einen Traum, und ich muss ehrlich sagen, sonst habe ich eigentlich keine Träume mehr, die so unmittelbar, so direkt in einem Zusammenhang mit dem stehen, was äußerlich geschieht. In dieser Nacht war das aber so, da warst du, Anna, im Traum auch anwesend. Ich war schwanger, stand kurz vor der Geburt, und wir beide kamen in ein Spital, das in der Art unserer modernen Krankenhäuser gebaut war, aber dieser Geist von hier schwang hinein. Das Gebäude wirkte technisch ein bisschen veraltet.

Die Geburt ging ganz leicht. Ich lag unter einem weißen Laken und spürte richtig das Rausflutschen dieses neuen Wesens. Und dann hieltest du im Traum diesen kleinen Menschen im Arm, eingehüllt in weiße Tücher.

Ich nahm das Bündel an meine linke Brust, und du sagtest, es sei ein Mädchen. Erst da kam mir in den Sinn, dass ich noch gar nicht gewusst hatte, ob es ein Mädchen oder ein Bub war. Es war ein Mädchen, so ein süßes, süßes kleines Mädchen. Absolut vollkommen, wie jedes neugeborene Menschenwesen. Es war so eine Süße in diesem neugeborenen Mädchen, und wir nannten es Sophia.

Der Traum endete damit, dass ich sagte, ich bräuchte jetzt eine ganz spezielle Ernährung, und du setztest dich dafür ein, bestärktest mich darin, dass das Spital sie mir geben sollte. Nachdem ich das Mädchen zunächst links angesetzt hatte, nahm ich es jetzt rechts an die Brust. Was von diesem Traum blieb, war dieses neugeborene Mädchen, das in seinem Duft eine unbeschreibliche Süße hatte. Die Süße des göttlichen Wesens.

> Sie kommen und andere kommen,
> und dann gehen sie, und die anderen gehen.
> Tag und Nacht ein stetes Hin- und Her.
>
> Von woher kommen sie?
> Wohin gehen sie?
>
> *Bedeutet* es etwas?
> Nichts, nichts, nichts.
>
> *Lalla**

---

* Lalla, a. a. O., S. 44

Nachtrag

Unberührt von allen Vorhersagen Tessiner Wetterdienste tauchte leise die Sonne im Tal der Maggia auf. Es hätte seit Mai nicht mehr geregnet, erzählte uns die Zimmerwirtin am Morgen dieses Oktobertages ein Jahr später. Und jetzt sei Regen angekündigt, hoffentlich nicht in Sturzbächen, wegen der trockenen Böden.

Es schlug Mittag, als wir unsere Hände auf den weißen Resopaltisch unserer Ferienwohnung legten, uns ansahen und wussten – das ist der Schluss, den wir suchten.

Wir hatten uns ins Tessin zurückgezogen, um unser Buch abschließend zu überarbeiten. Und da saßen wir. Annette weinte, vor Glück, vor Licht. Wer weint?
  Noch einmal schlägt die Turmuhr hier im Süden – jetzt zum Mitzählen. Ich musste nicht zählen. Es passte.
  Ein leises Zittern geht durch einen Text, wenn sein Schluss gefunden ist. Alles kommt noch einmal in Schwingung, ordnet sich neu. Jedes Wort, das noch ohne Zuhause ist, wird von dieser Welle berührt und findet heim.
  Auch uns berührte dieses Zittern. Wir brauchten Bewegung, marschierten in die Berge hinter dem Haus. Die Steine der Maggia-Berge glitzerten im Rhythmus unseres Zitterns. Als könnte die Stille zittern.
  Was nicht.

Nachmittags saßen wir mit der Sonne auf dem Monte Verità. Alle waren schon hier gewesen, die neugierig in die Welten schauten,

Bakunin, die Theosophen, die Körperkulturen, Tänzer, Künstler, Rilke, Emigranten, Benn, ich in meinen Jugendträumen, die Videokünstler, Frau Tweedie und Gitta Mallasz und jetzt wir mit dem Schluss eines Buches. Es gab etwas zu feiern zwischen diesen Palmen und Platanen und dem weiten Blick über den See.

Wir sprachen darüber, dass wir beide hin und wieder etwas Luxus schon genießen könnten. In dem Fall bestand der Luxus aus einem Stück Torte zu sieben Schweizer Franken.

So genossen wir nicht nur den Kuchen, sondern auch die Freiheit, dass alles sein darf unter diesem Himmel.

Auch wenn uns klar war, dass unsere Lektorin letztlich den Titel wählen würde, waren wir uns einig, dass es auch einen geben sollte, der aus unserer Arbeit geboren wäre.

Ich holte einen Stift aus meiner Tasche und nahm die dünne Kuchenserviette. Das Leben feiern. Monte Verità – ganz normal.

Kichern.

Stille.

Der Wind zog mir die Serviette unter dem Stift weg und schlang sie um ein Bein des Nachbartisches. Ich stand auf und lächelte höflich, während ich vor dem fremden Herrn auf die Knie ging.

Wind der Stille. *Bei den Suchenden, die vor uns hier waren, ging es um* Wirrsicht – Klarsicht.

Jenseits aller Pfade. *Trifft nur einen Aspekt.* Prosecco der Stille.

Wir benehmen uns gerade noch anständig. Ganz zart im Sonnendunst die italienischen Berge. Wer lacht?

Lebenslust der Stille. Stille Lebenslust. Stille Fülle. Fülle der Stille. Bewegte Stille. Schwingende Stille. Nullfeld Stille. Nullfeldstille. Schwingende Nullfeldstille.

Wir einigen uns darauf, dass mit dem Titel der Leser, die Leserin auch eingeladen sein möchte in diese Freude, diese Weite. Wie innen, so außen. Lockende Stille.

Der Kuchen ist wirklich hervorragend. Schokoladenkuchen mit Mangosoße und Sahnetupfen. Die Palmenblätter teilen mit uns die Freude im Wind, als gäb's nur eine Freude.

Endlich ist der Mensch ein Mensch. Tanz im Nullfeld.

Der Strom verliert seine Energie. So verweilen wir es. Und niemand ist da, der verweilt.

Der Kaffee ist köstlich auf dem Monte Verità.

In der Nacht kam die Nahrung für die wartenden Flüsse. Leise.

Wenn Sie Kontakt zu Annette Kaiser aufnehmen wollen, schreiben Sie bitte an folgende Adresse:

Annette Kaiser
Oberdorf
CH-3812 Wilderswil

Wenn Sie Informationen über Veranstaltungen von Annette Kaiser in der Schweiz und in Deutschland und/oder das Programm der *Villa Unspunnen* und/oder der *Windschnur* haben wollen, wenden Sie sich bitte an:

Villa Unspunnen
CH-3812 Wilderswil
Tel. 0041 (0) 33 821 04 44
Fax 0041 (0) 33 821 04 45
E-Mail info@villaunspunnen.ch
www.villaunspunnen.ch

die windschnur
Windschnur 6–12
D-83132 Pittenhart
Tel. 0049 (0)8624-891 504
Fax 0049 (0)8624-891 508
e-mail: info@windschnur.de
www.windschnur.de

Projekt »Ein Lächeln und 10 Cent«
einlaecheln@villaunspunnen.ch